e Montessori Toddler

モンテッソーリ はじめます

「生き抜く力」の伸ばし方

シモーン・デイヴィス・著
宮垣 明子・訳

永岡書店

おうちモンテッソーリはじめます ――「生き抜く力」の伸ばし方

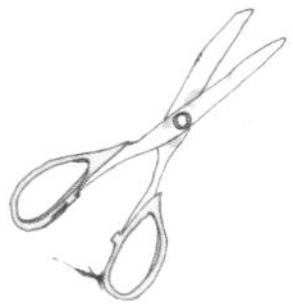

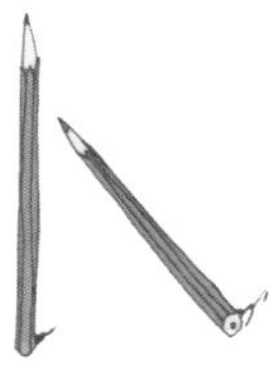

巻末資料

モンテッソーリで子どもの見方を変えてみましょう

はじめに

本書は、モンテッソーリで子育てをする方法を初心者向けにわかりやすく書いたものです。モンテッソーリは20世紀初めにイタリアのマリア・モンテッソーリ博士によって考案された教育法で、いまでは2万校もの学校や幼稚園・保育園があるほど世界各地に普及しています。

お子さんと一緒に何かするとき、特に子どもがうまくできずにいる場合にはどう教えればいいか、どのように手を貸してあげればいいのか。家のなかがめちゃくちゃにならない方法を知れば、きっと落ち着いた毎日を送ることができます。家庭で子どもが自由にできる場所を作って、そこから幼児向けのモンテッソーリ活動を取り入れてみましょう。

もちろん、1日でなにもかもが変わるわけではありません。モンテッソーリを取り入れるというのは、家のなかをそっくりそのまま幼稚園の教室と同じにするということではありません。まずは部屋にあふれているおもちゃを全部しまって、家にあるものでモンテッソーリの活動を試してみませんか。子どもがいま本当に興味をもっていることは何かがわかります。そこから少しずつ、家庭や日常生活にモンテッソーリを取り入れていきましょう。

小さい子と一緒に、穏やかに過ごす方法があるということを、ぜひ多くの方に知ってほしいのです。子育てとは、好奇心にあふれ責任感を持った人間になる種を、お子さんにまくこと。わたしはそのお手伝いをしたいのです。これから何年もかけて、あなたとお子さんがよい親子関係を作り上げていけるように。モンテッソーリ博士の哲学を日々の暮らしに取り入れてみませんか。

さあ、子どもの目で世界を見てみましょう

この本は、隅から隅までじっくり読んでもいいですし、ぱっと開いて気になった部分だけを読んで、いますぐ使えるようなヒントを見つけるのもいいでしょう。

この本にはモンテッソーリの教えをすべてつめこんだだけでなく、長年のあいだにわたしが指導のために見つけた参考資料（本やインターネット、研修講座など）からも数多く引用しています。

これをひとつのきっかけにしてください。モンテッソーリで目指すのは、この本で紹介する「お仕事」を全部やることでも、自由遊びの部屋をぴかぴかに磨きあげることでもありません。もちろん、完璧な親になることでもありません。子どもを見守り、サポートする方法を知って、子どもたちと一緒に過ごす時間を楽しみ、困っている子どもに手を貸してあげることです。どんなときも思いつめず、いつも笑顔を忘れずに、子育てという旅を楽しみましょう。早く目的地に着くことだけが旅ではありませんよ。

シモーン・デイヴィス

モンテッソーリ教育って？

英才教育のひとつなの？

モンテッソーリ教育は、**英才教育ではありません。**子どもに知識を詰めこむのではなく、子どもの気持ちを尊重し、子どものなかにある「学びたい」という自然な欲求を育てるものです。そのために子どもの発達段階に合わせた環境を用意して子どもの潜在能力を引き出します。それは教室のなかだけではなく、日々の暮らしのための教育ともいえます。

いつだれが考えたの？

20世紀初めにイタリア初の女性医師であり教育者でもあった**マリア・モンテッソーリ博士**によって考案された教育法です。博士はこれを完成させるために、常に子どもたちを観察し、そこから教育方法や教具を完成させていきました。その目的は「責任感と他人への思いやりを持った自立した人間、生涯を通じ学び続ける姿勢を持った人間を育てる」ことです。

モンテッソーリ教育の３要素とは？

モンテッソーリ教育では、**「子ども」「大人」「環境・教具」**の３つの要素がそれぞれに結びついていると考えます。何を学ぶかを決めるのは子ども自身で、それを大人と環境がサポートします。大人は子どもを観察し、脱線しないよう必要な部分にだけ手を貸しながら、子どもがひとりでできるようになるのを見守ります。

どれくらいの数の施設があるの

モンテッソーリスクールはアメリカだけでも4500校以上、**世界117か国以上に2万校**を数えます。日本では認可幼稚園、認可保育園、子どもの家など約590か所（うち東京都内が約110か所）で導入されていますが、義務教育課程に含まれないため、公立の小・中・高校ではほとんど導入されていません。

子どもが主人公とは

子どものペースに合わせ、その子が何に興味を持っているかを知ることです。なんでも子どものやりたい放題にさせるのではなく、子どもの好きなことを好きなようにやらせてあげます。こうしなさいと子どもに指示を出したり、やり方をぜんぶ教えたり、情報を与えすぎたりせず、**一歩引いて子どもが主人公であると考えます。**

モンテッソーリ教育を受けた著名人は

グーグル創業者のラリー・ペイジとセルゲイ・ブリン、アマゾン創業者のジェフ・ベゾス、バラク・オバマ前アメリカ大統領、イギリス王室のウィリアム王子とヘンリー王子、ウィリアム王子の長男のジョージ王子もモンテッソーリ教育を受けています。また、**将棋の藤井聡太棋士**もモンテッソーリの幼稚園に通っていたことが知られています。

近くにモンテッソーリスクールがない場合は

家の近くにモンテッソーリの幼稚園や保育園がない場合でも**あきらめることはありません。**家庭で子どもが自由にできる場所を作って、そこから幼児向けのモンテッソーリの活動を取り入れてみましょう。本書ではモンテッソーリを家庭でも簡単に取り入れられるよう、わかりやすく解説しています。

モンテッソーリを知るためのキーワード

自由

モンテッソーリでは、子どもどうし尊重しあうこと、自分で学ぶこと、まわりを大切にすることなど、ほんの少しのルールしかありません。学校でも家庭でも、そのルールのなかでなら、何を選ぶのも、遊ぶのも、考え方も、子どもの自由です。でも、子どもになんでもかんでも好きなことをさせるわけではないのです。**ルールのもとでの自由が大切なのです。**

観察

モンテッソーリの基本は観察です。観察するというのは、ただ見守ることです。いい子とも悪い子とも決めず、分析もしない。**観察していると、いまその子がどういう状態にあるかがわかります。**いまその子は何に興味があるのか、何をできるようになりたがっているのか。そうすると、どんな決まりが必要か、嫌になって投げ出してしまう前に手助けをするのはどのタイミングがいいかがわかってきます。

「自分でするのを手伝って」

モンテッソーリではよく使われる言葉です。これは子どもがひとりでできるように用意をする、必要なときに必要なだけ手を貸し、あとは離れて見守る、じっくり練習できる時間を取る、そして間違っても受け入れ、見守っていると知らせるということです。そうすることで、**子どもの自立を促します。**

敏感期

モンテッソーリでは、0歳～6歳の子どもが、**あるひとつのことに特に興味を示す時期**を「敏感期」と呼びます。「言葉」「秩序」「細かいもの」「運動」「感覚」「礼儀、マナー」など各分野について、そのことだけを学びたいと思っているので無理強いしなくても楽に学べます。大人はその子がいま何の敏感期なのかをよく見極め、さらに興味をかきたてるような活動をさせます。

環境を整える

モンテッソーリスクールや家庭で、教師や親が**子どもに合ったレベルの活動を用意する**ことで、子どもの成長を促すと考えます。ちょうどいいレベルとは、まだ完全にはできないけれど、嫌になって投げ出してしまわない程度のもの。活動するための環境を整えることで子どもたちにおもしろそうだと思わせ、自由に探検して学べるようにするための準備です。こういった作業は、単なる「整理整頓」とは違います。

お仕事

モンテッソーリでは、子どもが教具を使ってする活動を「お仕事」といいます。「お仕事」では**スキルをひとつだけ身につける**ようになっています。たとえば、箱に開いた小さな穴からボールを中に入れるという「お仕事」では、穴に入れるというスキルだけを身につけます。「お仕事」は皆で一緒にするのではなく、一人ひとりの敏感期に合ったものを個別に行います。

発達の4段階

モンテッソーリ博士は人間が大人として自立するまでを0歳から24歳までとし、その過程を科学的な観察を経て6年ごとに幼児期(0～6歳)、児童期(6～12歳)、思春期（12～18歳）、青年期（18～24歳）の4段階に分けました。これを「発達の4段階」と呼びます。**各段階の心身の発達に合わせた教育法が重要**とされています。

親が変われば子どもも変わる！

モンテッソーリで子育てを始めましょう

こう言うより も こう言ってみて

今までのパパ・ママ　→　モンテッソーリのパパ・ママ

子どもが不安そうにしていたら

イヌにほえられたら

否定する

「心配しなくていいよ、つながれているから」

↓

状況を子どもの目で見る、子どもの気持ちに気づく

「びっくりしたね。急にほえられたら怖いよね」

おもちゃの取りあい

決めつける

「あなたはいつもほかの子からおもちゃを取るね」

↓

子どもを両手で抱きしめ、一緒に作業を見ながら

「終わるのをまとうね」

子どもがやったことに

非難する、お説教する

「そんなことしてはいけません」
「こうしなさい」

↓

子どもの気持ちを理解しようとする

「○○って言いたかったの？」
「○○がしたいの？」
「○○だと思うの？」「○○なのかな？」

子どもに手を貸すとき

困っていたら

子どもにやらせず、先回りする

「ほら、貸しなさい」

↓

手伝う部分は少しだけにする

「お手伝いしてほしい？」
「どうやってするか見てみる？」
「こういうやり方はやってみた？」

自立させるために

コップを渡す

してはいけないことを言う

「コップを落とさないで！」

↓

うまくいく方法を教える

「コップはこう持ってね」
大人がして見せる

遊ぶときには

子どもにやらせない

「パズルを取ってこよう」

↓

自分の好きな遊びを選ばせる

子どもに先に行かせる、何も言わない
（子どもが選ぶまで待つ）

好奇心をかきたてるために

質問されたら

質問にすべて答える

「空が青いのはね……」

自分で見つけられるようにする

「わからないな、一緒に調べてみようか」

子どもが学ぶことを好きになるように

間違っていたら

訂正する

「違う、それはゾウだよ」

教えることで教える

「ああ、サイを見せたかったんだね」
（別の機会にゾウについて教える）

子どもが自分で自分を評価できるようにする 本来備わっているやる気を引き出す

上手にできた

ただ褒める

「よくできたね！」
「すごいね！」

見たままを言う、努力を言葉にする

「トラックを全部カゴに入れられたね」

短い言葉でまとめる

「お片づけ完了（完成）！」

こちらの気持ちを言葉にする

「部屋がきれいになって気持ちがいいね」

一緒に使う

ほかの子と一緒に使うよう言う

「みんなで使おうね」

使い終わるまで待つ、交代するまで待つ

「いまあの子が使っているね。
もうすぐ交代だよ」

子どもをあるがままに受け入れる

子どもの怒りや強い感情をごまかす

「スプーンくらいでグズグズ言わないの」

マイナスの感情も認め、許す

「お気に入りのスプーンが使えなくて
怒ってるんだね」

子どもに、家のルール、基本ルールを思い出させる

ルールを破る

怒鳴りつける

「けんかはダメ！」

具体的なルールを告げる

「相手を叩いてはいけません。
自分のしたいことは言葉で伝えなさい」

自分から行動させる

出かける準備

問題を子どものせいにする

「あなたのせいで遅れちゃう！どうして着替えないの？　もう出ないといけないのに！」

問題を解決する方法を考える

「どうすればいいかな？朝、家を出るまでにやることをチェックリストにしておこうか」

赤ちゃんに

ダメと言う

「赤ちゃんに触っちゃダメ！」

していいことを言う

「赤ちゃんに触るときはやさしくね」

さあ出発

小言を言う、怒鳴りつける

「何回言えばわかるの？靴を履きなさい！」

ひと言だけ言う

「靴」

お風呂

不満をぶつける

「聞いてなかったの？　お風呂の時間でしょ！」

子どもがやりたがるような方法を見つける

「お風呂まで、ウサギさんジャンプで行く？それともカニさん歩きで行く？」

危険を知らせる

何度も繰り返す

「オーブンに近寄っちゃダメ！」

メモを貼る

「あつい、って書いてあるよ」

お片づけ

責める

「どうして使い終わったおもちゃを片づけないの！」

してみせる

「これは、ここだよ（棚の場所を手で叩く）」

子どもに、自分のしたことの責任を持たせる

友だちとの
ケンカ

脅す、罰する、ご褒美で釣る、部屋に閉じ込める

「またこんなことしたら、今度は～」

「今すぐ来れば、シールをあげるよ」

「あっちへ行って、反省しなさい！」

子どもを落ち着かせてから考えさせる

「怒っているんだね。抱っこしようか？」
「別の場所へ行って、ちょっと落ち着こうか」
そのあとで
「お友だちが泣いているよ。仲直りしに行こうか？」

レッテルを貼らない

一方的な
評価

子どもの特性を決めつける

「この子はシャイだから」

「この子はかしこいから」

別の角度から子どもを見る

「自分でちゃんと手伝ってって言えたね」

叩く、噛むなど

人に対して

けんかにさせない、厳しくする、悪い例を見せてしまう

「まだ小さくて何をしてるかわかってないから」

「今度噛んだりしたら、わたしがあなたを噛むよ、そうしたら嫌だってわかるでしょう」

はっきりとした限界のラインを決める

「人を叩いてはいけません／
噛んではいけません／
物を投げてはいけません。
あなたの身体を押さえますよ。
どうしても何か噛みたいなら、
このリンゴを噛みなさい」

きょうだいのもめ事を避ける

食事中に

きょうだいを比べる

「お兄ちゃん／お姉ちゃんみたいに、ちゃんと豆も食べなさい」

→ **それぞれの子に合わせた対応をする**

「もうちょっと食べる？」

きょうだいげんか

上の子に責任を押しつける

「お兄ちゃん／お姉ちゃんでしょ。しっかりしなさい」

→ **子どもにそれぞれ責任を持たせる**

「わたしがトイレに行っているあいだ、ふたりで相談してね」

けんかの仲裁

きょうだい同士の言い争いに中立でいる

どちらが正しいか、間違っているかを決める

「何があったか言いなさい」

→ **子ども同士で問題を解決させる**

「子どもはふたり、おもちゃはひとつ。ふたりとも楽しめるようなやり方を考えてね」

家族や預かる人とコミュニケーションをとる

親の気持ち

子どもに怒っている家族に

（家族に）「なんでそんな大声を出すの？」

→ **家族の気持ちを代弁する**

（子どもに）「お母さん／お父さんは、こう言うことをしてほしいんだよ」

落ち着いた、礼儀正しい行動のお手本になる

人との関わり

ほかの人のせいにする

「何で言ってくれなかったの！」

→ **自分の責任と考える**

「わたしがこうしておけばよかったね」「こう言えばよかったんだね」

お仕事の準備例

モンテッソーリでは、活動のことを「お仕事」といいます。子どもはいくつかある教具の中からそのときに興味を持ったものを選び、自分のペースで「お仕事」をします。幼児は目で見ておもしろそうなお仕事を選ぶので、ただ棚に並べればいいわけではありません。ちょっと工夫して、子どもの興味を引くような並べ方にしてみましょう。

準備例 1

水彩画

Watercolor

トレイに載せるもの

- 絵筆
- 水を少しだけ入れたビン
- 絵の具 （最初は１色だけ、色を混ぜなくても使える状態で）

そのほか

- テーブルを汚さないよう、下に敷くもの
- 画用紙（普通紙より厚いもの）
- 絵具や水がはねたときに拭くための布

水彩画 → 詳しくは P.71 へ

Point 教具の並べ方のポイント

- トレイなどに入れる
- 教具は元通りに戻しておく
- 左に大きいもの、右に小さいもの（※1）
- 棚に並べるときは、左がいちばん簡単なもの、右へ行くにしたがって難しいもの
- 子どもの目の高さで
- 子どもの興味を引くよう、きれいに
- 子どもがちょっと頑張れるくらいのもの…… 簡単すぎず、難しすぎず
- 子どもが自分ひとりで持てるサイズのもの

※1 欧米では「左手心理」の心理学に基づき、左に小さいもの、右に大きいものを並べますが、日本では「右利きの心理」に基づき、左に大きいもの、右に小さいものを並べるのが一般的です。

準備例 2

食事の用意

Setting Table

食事をするための準備を子どもに教える

- 子どもでも持てるサイズのガラスのコップ
- お椀、またはお皿
- 子ども用のスプーン、フォーク（使える場合はナイフも）
- ランチョンマット（フォークやスプーン、ナイフ、お皿、コップを置く場所に印をつけておく）

食事の用意 → 詳しくは P.99 へ

モンテッソーリで子育てをする場所づくり

モンテッソーリで子育てをするには、家のなかを子どもが使いやすいように整えておく必要があります。ではここで、オーストリアのモンテッソーリ幼稚園を例に見てみましょう。

ホームツアーを始めましょう

すべてのものが子どもの身長に合わせた大きさで、室内はシンプルに、きれいに整えられています。子どもが使うものはすべて決まった場所に置いてあり、すぐに使えるようになっています。部屋の色合いも落ち着いていますね。それでは、次の部屋も見てみましょう。

身だしなみを整える場所

自分で身だしなみを整える場所があるのがいいですね。ここでは子どもが自分で鼻をかんだり、顔を拭いたり、髪をとかしたりします。低いスツールに２つ、カゴが置いてありますが、片方はティッシュ入れ、もう片方はブラシ入れです。スツールの下のカゴはゴミ箱です。壁掛けの鏡では自分の全身を見られるので、外に出る前にさっと身だしなみをチェックできます。

Self-Care Area

身だしなみを整える場所 → 詳しくは P.96 へ

Arts and Crafts Area

図画工作のスペース

この部屋は大きい子向けの図画工作の場所です。オープンシェルフは中に入っているものが見えるので、やろうと思えばすぐ手に取れますし、トレイや透明容器で収納しているので中に何が入っているのかもひと目でわかります。

小さな透明容器には、ひものお仕事に使うビーズとひもが入っています。和紙テープや穴あけパンチ、ハサミなども用意されています。マーカーペンは透明な容器にまとめてありますし、絵筆と水彩絵の具も並んでいます。

CDプレーヤーでは子どもが音楽を選んでかけることもできます。

写真には端っこしか映っていませんが、棚の隣には小さなテーブルと椅子のセットがあって、そこで図画工作を行います。

図画工作のスペース → 詳しくは P.101 へ

キッチン

キッチンの低い引き出しに、子どもが料理の下ごしらえに使う道具を収納しています。

スプーンやフォークはビンに。カゴには麺棒や泡立て器、ピーラーが入っています。小さなおろし金、オレンジしぼり器、卵スライサー、アップルカッター、芯抜き器もあります。

Kitchen

｜キッチン｜→詳しくは P.97 へ｜

屋外

タイル張りの通路も、子どもにとっては楽しい探検の場所です。

ほうきや園芸用品がすぐ使える状態でフックに掛けられていますね。その脇にはじょうろとバケツがあります。植木鉢の草花にお水をあげるのは楽しいものです。壁にハンギングの植物を置いても。

天気が良ければ、ここでいろいろな活動ができます。おやつをトレイに乗せて運んできてもいいですし、いっそテーブルと椅子を準備して食事を楽しんでもいいかもしれませんね。

Outside

| 屋外 | → 詳しくは P.102 へ |

世界のモンテッソーリ・ファミリーのおうちづくり

モンテッソーリ教育や実践プログラムは世界各地で行われています。世界のモンテッソーリ・ファミリーの実例と体験談をご紹介します。

実例 1

わたしたちのモンテッソーリ

場　所　オーストラリア

ファミリー　カイリー、アーロン、キャスパー、オーティス、オットー

息子はいまなんでも手で触って学んでいます。ひとつひとつ触っている様子を観察するのは本当に楽しいですね。お菓子を焼くのも大好きだし、家族のために料理をすることがとても楽しいみたいです。図画工作はぐちゃぐちゃにするのにはまっています。家族と一緒にいることがとてもうれしいんですね。まだくっついてくるし、ふたりで一緒に座って本を読んだりするのも楽しいですよ。

モンテッソーリでいちばん心に響いたのは、親は子どもを観察し、子どものしたいようにさせるということ。そして、子どもは自分のペースで学んでいくということですね。まるで魔法ですよ。

実例2

ニモくん

場　所　モンゴル

ファミリー　エネレル、バヤナ、ニモ、オディ

モンテッソーリに出会ったときは、ようやく自分の目が開いたような感覚でしたね。その日は眠れませんでした。一晩じゅうモンテッソーリについて調べ、翌日から息子のためにモンテッソーリの遊びが家でもできるよう準備しました。

わたしは、遊びやお仕事よりも、ルールを教えることの方が大事だと思っています。親はそのお手本にならなければいけない。親のわたしたちも、その過程を通してルールを身につけ、子どもから学んでいるのです。かなり努力が必要ですが、子どもが何かに興味を持って学んでいる姿は大きな喜びです。

子どもサイズの棚に
その子に合った
教具を並べる

我が家は小さなアパートメントなので、モンテッソーリ用に整えた部屋もとても狭いのですが、できるだけ広く見えるよう工夫しています。何でも小さくたためるようにしたり、表に出しておくのは１つか２つにしたりして、子どもが自由に歩き回れるようにスペースを作っています。いつも部屋のなかが整って快適なのはいいことですよ。

実例3

わたしたちの モンテッソーリ生活

場　所　カナダ
ファミリー　ベス、アンソニー、クエンティン

子どもたちも一緒に外へ出て、自然のなかを散策しながら、植物や動物のことを子どもに教えるのが大好きです。自然からは本当にたくさんのことを学べます。

子どもに手を貸すときは、全体を見て、自分にできることだけをするようにしています。そういう点で、モンテッソーリはぴったりだし、簡単にできると思います。

それに、モンテッソーリは平和教育を軸にしていますね。子どもたちの世代のための平和を教えることを基盤にした教育法です。これはほかの教育システムにはありません。わたしがモンテッソーリがいいと思うのはそこなのです。

家庭でモンテッソーリを行うのはつまり、子どもを大切にし、尊重することです。子どもが自分で料理できるか？　子どもが自分の服をクローゼットから出して着替えられるか？　子どもが自分で水を出して飲めるか、それとも大人が飲み物を用意してあげなければいけないか？　そしていちばん大切なのは、自分は子どもや家族に対して、ていねいな話し方をしているかということです。

小さなスポンジでお皿洗いのお手伝い

実例 4

アメリカ中西部でのモンテッソーリ

場　所　アメリカ合衆国

ファミリー　エイミー、ジェームス、シャーロット、サイモン

水彩画の活動は1色か2色からスタート

子どもたちと一緒にいるときに観察するのが大好きです。子どもが使いやすいように部屋を整えてからは、わたしものんびり座って、子どもたちの様子を眺めていられるようになりました。観察して、何を考えているかに気づくのがとても楽しいです。そのほかには、外に出て一緒に遊ぶのも大好きです（自然のなかでも、通りをお散歩するのも、公園に行くのも）。ほかにも本を読んだり、音楽を聴いたり、音を鳴らしたり、一緒に家事をするのも楽しいですね。

子どもが成長しやすい環境を作ることで、こんなにていねいなお世話ができるものなのですね。大人が大人になる準備が、おそらく親にとってはこれがいちばん難しい部分でしょう。わたしたちも準備をして、子どものための家をこんなふうに整えられてよかったと思っています。あとは、子どもたちが自由に楽しんでほしいですね。

子どもたちは少々わんぱくなくらいがいいと思っていますが、親のわたしたちがゆっくりと、ちゃんとスペースを作って、よく観察していれば、小さな子どもでもこんなに集中するんだとわかりました。

実例5

わたしの家

場　所　オーストラリアとオランダ

ファミリー　シモーン、オリバー、エマ

まわりを、子どもの視点で見ましょう。子どもの目で世界を見ると、より理解し、大切にすることができます。それが子どもをガイドし、サポートすることにつながるのです。

わたしは子どもたちには、ただテストに合格すればいいのではなく、学ぶこと自体を好きになってほしいと思っていました。初めてモンテッソーリの幼稚園を見学したとき、わたしはとても感動しました。棚に遊び道具を並べるなんて、考えたことがなかったのです。何もかもがとてもきれいでした。わたし自身が、じっくり見て回りたくなりました。これこそ、わたしの子どもにぴったりの環境だと思ったのです。

モンテッソーリの哲学の理解を深めるにつれて、いつも新鮮な驚きがあります。モンテッソーリはタマネギの皮をむくように、どんどん新しい発見があるもの。だからモンテッソーリを、学校にいるあいだだけのものと思わないでほしいのです。モンテッソーリは、生き方そのものなのですから。

クッキー作りに夢中

実例 6

わたしのクラス

場　所　オランダ（アムステルダム）
ファミリー　ジャカランダ・ツリー・モンテッソーリ

子どもの目線に
合わせて
環境を整える

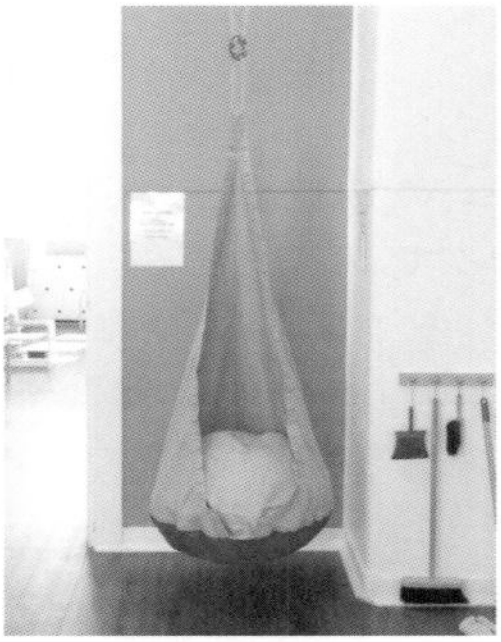

毎週、ここにはモンテッソーリで学ぼうと 100 人以上の子どもとその親、保育者がやってきます。赤ちゃん向けのクラス、幼児向けのクラス、そして未就学児のクラスがあります。

子どもたちはお部屋を歩き回るのが大好きです。どの部屋もその年齢に合ったものが用意され、なんでも子どもの手が届くように用意してあります。大人はここで子どもを観察することを学び、質問したり、同じ子育てをする家族との交流を楽しんでいます。このクラスに来ることで、子どもも大人もどんどん変化していくのを見守るのが、わたしの喜びです。

第1章

はじめに

子どもの見方を変えてみよう

小さな子どもだって人間だということを、大人はわかっていません。1歳から3歳くらいの幼児は扱いが難しいなんて言われますが、では子どもに愛情を込めて、自分でできるように粘りづよく教える方法を知っている大人も、あまりいません。

幼児はまだ歩き始めたばかり、あれもこれも知りたがるくせに、言葉で気持ちを伝えるにはまだ慣れていなくて、でもこうしたいと思ったら止められません。カフェやレストランでじっと座っているなんて無理だし、広い場所を見れば走り出す。ここだけは静かにしていてと思っているときに、やってほしくない場所で突然大声で叫ぶし、おもしろそうだと思えば何でもべたべた触ります。「魔の2歳児」というのがまさにそうですね。大人の言うことを聞かない。なんでもかんでも投げる。寝ないし、食べないし、トイレでしない。

そのむかし、我が家のふたりの子どもがまだ小さかった頃。言うことを聞かせようと脅したり、ごほうびで釣ったり、反省しなさいと部屋に閉じ込めたりなんてよくないこととは思いつつ、それならどうすればいいかがわからないまま、わたしは子育てに奮闘していました。

そんなとき、つけっぱなしにしていたラジオから、子どもを部屋に閉じ込めるのはやめたほうがいいという話が流れてきました。子どもはやり方がわからなくて困っているのに、閉じ込められると突き放されたように感じて大人に腹を立てる。謝りなさいと頭ごなしに叱りつけるよりもずっと追い詰められ、どうすればいいのか困ってしまうというのです。そんなとき大人はどうすればいいかを教えてもらえるのではないかと、わたしはそこから真剣にラジオを聴きましたが、それには触れないまま番組は終わってしまいました。わたしはそれからもずっと、その答えを探していました。

●モンテッソーリとの偶然の出会い

当時オーストラリアのシドニーに暮らしていたわたしは、入園見学に行ったモンテッソーリ教育の幼稚園にほれ込みました。整理整頓された教室が魅力的だったし、先生方は親しみやすく、親だけでなく、子どもにかける言葉づかいがていねいなのも好印象でした。わたしはすぐに子どもの入園を申し込み、未就園児の親子クラスに参加することにしました。

親子クラスでは、幼児について、そしてモンテッソーリの子どもとの接し方について、学ぶことばかりでした。**幼児は少し難しいことがあると伸びる**ということ。**子どもは理解されたがっていて、スポンジが水を吸い込むようにまわりからなんでも吸収する**こと。わかってくると、幼児とうまく関わることができるようになり、幼児の考え方を知ったうえで、その学ぶ様子を見ているのが楽しかったのです。わたしは親子クラスの担任だったファーン・ヴァン・ジル先生の助手として働くようになりました。

２００４年にはモンテッソーリスクールの教師の資格を取るため、国際モンテッソーリ協会の講習を受けました。その後オランダのアムステルダムに家族で移ることになったのですが、新居を構えた町にはモンテッソーリの幼稚園がありませんでした。わたしは資格を活かし、モンテッソーリ幼稚園ジャカランダ・ツリー・モンテッソーリを開校しました。いまも親子クラスを担当しており、子どもの見方を変え、家庭でもモンテッソーリを取り入れられるようたくさんの家族に指導しています。

この本では、**これまでわたしが学んできたことを、たくさんの人に伝えたい**のです。モンテッソーリを家庭でも簡単に取り入れられるよう、わかりやすくていねいにお話ししようと思います。お子さんがモンテッソーリの幼稚園に入園するにしてもしないにしても、この本をきっかけに、新しい関わり方ができることでしょう。

幼児について知っておきたいこと

●イヤイヤは幼児に必要なこと

子どもが成長するうえで大切なのが「自己肯定感の危機」を乗り越える、つまり

幼児

わたしの言う「幼児」とは、1歳から3歳までを指しています。

自分でできると思えるようになることです。1歳半から3歳くらいになると、子どもは自分と両親とは別の人間だということに気づき、自分を中心になんでもやりたいと思い始めます。すると「イヤ」と言ったり「ぼく」「わたし」といった言葉を使うようになります。

とはいえ、自分ひとりでやろうという気持ちがすぐ前面に出るわけではありません。ひとりでできるといって大人の手を払って何でもやりたがったかと思えば、次の日にはなにひとつ自分でしないと言い張ったり、ずっと抱っこをせがんだりします。

●幼児は体を動かさなくてはいけない

ケージに入れられるのを嫌がるイヌやネコのように、幼児はじっと座っているのが苦手です。幼児は思いきり体を動かしたくてたまらないのです。立つことができるようになると、次は階段を上りたい、歩きたい。歩けるようになれば、走りたい。重いものを持ち上げたい。ひとつ持ち上げたら、次はもっと重いものを。もっと重たいカバンを、次は家具をと、より大きなものに挑戦する「最大限の努力」と呼ばれる欲求に突き動かされて、幼児はいつでももっと上を目指しているのです。

●幼児には身近な場所を探検し、発見することが必要

モンテッソーリでは子どもたちが探検できる安全なスペースを確保し、**五感のすべてを使って日々の活動や外遊びをする**よう勧めています。砂場をどこまでも掘りかえす、はだしで芝生の上を走りまわる、水たまりに飛び込む、全部オッケーです。

●幼児には自由が必要

自由に何でもやらせてあげると、子どもは気になったものに熱中し、自分からいろいろな体験をして、そのなかでまた発見します。多くの体験をして自信を持つと、自分のことを自分で決められるようになるのです。

●幼児にはいつもと同じことが必要

幼児は毎日同じことを同じようにやりたがります。昨日と同じ順番で、昨日と同じものが同じ場所にあるところで、昨日と同じルールでやりたいのです。いつも同じであればそれが何かを理解し、納得し、次に何が起こっても待ち構えていられます。

幼児には「いつもと同じ」が大切だとわかっている大人は、じっくり見守って子どもをより理解することができます。**いつもと同じようにさせてあげられないときは、いつもより手を貸してあげればいい**のです。バカだからできないと腹をたてるのではなく、いつもと同じでないからできないんだねと子どもの視点で理解できます。できないときは、子どもの気持ちを落ち着かせてから、うまくできる方法を見つけられるよう、大人が手を貸してあげるといいでしょう。

●幼児は思ったままに動く

幼児の脳には、自立や意志決定を行う前頭前野という部分がまだ作られていません。脳が完成するのは20歳ごろ。だから幼児には、テーブルに登っちゃいけません、人の持っているものを無理に取っちゃいけませんとひとつひとつ教

幼児にはルールも必要

ここでいうルールとは、子ども安全を守り、まわりとていねいに接することを学び、責任ある大人になるためのもの。子どもが危険なことをしそうになったとき、大人はとにかく怒鳴りつけお説教をしてしまいがちですが、ルールがあれば落ち着いて子どもを止めることができます。モンテッソーリの子どもとの接し方とは、子どもを放ったらかすのでも押さえつけるのでもなく、まず大人が冷静なリーダーになるということなのです。

間欠強化

子どもは、いつもと同じルールがないと、今日はどんな反応をするかと大人を試すようになります。こうすれば怒られるとか、こうすれば大人はごまかされるとわかると、わざとそうします。これは「間欠強化」と呼ばれる行動です。

えなくてはわからないのです。言われた意味がわからなくて子どもが泣き出しても、大人はぐっと我慢しましょう。そういったことをひっくるめて「大人が子どもの前頭前野になりましょう」とわたしは指導しています。

●言われたことを理解するには時間がかかる

靴を履きなさいとしつこく繰り返すよりも、幼児が言葉の意味を理解するまでちょっと待ってみましょう。指示をしてから、心のなかでゆっくり10数えてみてください。だいたい8まで数えたあたりで子どもはちゃんと動き出しますよ。

●幼児は上手にできるようになりたい

幼児は、できるまで同じことを何度でも繰り返します。その姿を見ていれば、何をできるようになりたいのかはすぐわかります。だいたいそれは、その子にはまだできないけれど、嫌になって投げ出すほどでもないくらいの、ちょっとしたこと。何度も同じことを繰り返すうちに完璧にできるようになります。ひとつできるようになったら、子どもはまた別のことを、できるようになるまで何度も繰り返すのです。

●幼児は家族の一員になりたい

幼児は本物そっくりのおもちゃよりも実際に大人が使っている物に興味を示

大人を困らせたいわけじゃない

ジーン・ローゼンバーグという教育の専門家がニューヨークタイムズ紙に寄稿した「かんしゃくは反抗ではなく、不満のあらわれ」というコラムで「困っているのは子どもの方だ」という考え方が紹介されていました。わたしもその通りだと思います。困った行動に見えても、実は子どもが助けを求めているのだとわかれば、大人も「どんなふうに手を貸せばいいかな?」と考えられるようになるはず。言うことを聞かない子だと怒るのではなく、子どもをサポートする方法を探しましょう。

します。料理や洗濯をしているそばで何かしたがったり、お客が来るとなればお茶やお菓子の準備を一緒にやりたがりますよね。時間が許すなら、子どもができるように準備し、でき上がりに期待しすぎずに、家族の一員として役にたてるよう、家事を教えましょう。これはいずれ小学生、中学生になってからのよい親子関係にもつながります。

子どもは素晴らしい

柔軟性がないと見えること（お気に入りのスプーンじゃなきゃ朝ごはん食べない！）は、「実は」いつも通りにすることへの強い意識の表れ

意地を張っているように見えるのは、「実は」何でもかんでも自分の思い通りにはならないと学んでいる最中

つまらないことを何度も繰り返しているように見えるのは、「実は」ひとつのことを完璧にできるよう練習しているところ

おおげさにかんしゃくを起こしたように見えるのは、「実は」こう言っている。「あなたが大好きだから、一日中抱え込んでいたあれこれを全部ぶちまけても大丈夫でしょ」

目的地に着くまでわざとぐずぐず寄り道しているように見えるのは、「実は」行く道にあるすべてのことを探検しようとしている

人の前で何でそんなことを言うのと思うかもしれないけれど、「実は」子どもは嘘がつけない、正直すぎるというだけのこと

しょっちゅう夜中に起こさないでよと思うかもしれないけれど、「実は」真夜中だってお構いなしに、ぽっちゃりしたお手でぎゅっと抱き着いて、心の底から大好きだって伝えたいだけ

第2章

モンテッソーリ教育とは

モンテッソーリ教育の簡単な歴史

マリア・モンテッソーリ博士は1800年代後半にイタリアで初の女性医師となりました。ローマにある診療所で貧困層やその子どもたちと向き合い、病気の診療だけでなく暮らし向きにも気を配り、衣服を分け与えたりしていました。

あるとき博士は、ローマの救護院で貧しい暮らしのなかで感情や精神に問題のある子どもたちを観察し、指先でパンくずをつまみ上げているのは食べようとしているのではなく、触った感覚を楽しんでいるのだと気づきます。そしてこの子どもたちに必要なのは薬ではなく教育だと考えました。

モンテッソーリ博士は指導法を先に作ったわけではありません。自分が医学を学んだときと同じように、まず客観的に、そして科学的に子どもを観察し、何に夢中になっているのか、どのように学んでいるかを理解したうえで、子どもの学びを支える方法を考えました。

同時に自らも教育哲学や心理学、人類学を学び、救護院の子どもたちのために試行錯誤を繰り返して教具を作りました。すると中学卒業試験を受けた救護院の子どもたちの多くが、障害のない子どもよりも高い点数を獲得したのです。モンテッソーリ博士は奇跡の教育者と絶賛されました。

その後博士は、ローマのスラム街で、共働き家庭の子どもを受け入れる施設

を任され、モンテッソーリ教育法をイタリアの教育システムのなかで試すこととなりました。これが１９０７年1月に開校した、最初の「カーザ・デイ・バンビーニ（子どもの家）」です。

●イタリアから世界へ広がるモンテッソーリの教育

　モンテッソーリがほかの国でも注目され、広まるのに時間はかかりませんでした。いまやモンテッソーリ式の教育や実践プログラムは南極大陸以外のすべての国で行われています。モンテッソーリスクールはアメリカ合衆国だけでも４５００校以上、世界中に２万校を数えています。わたしが暮らすアムステルダムの人口は約80万人ですが、幼児から18歳までを対象とするモンテッソーリスクールは20校以上あります。モンテッソーリスクールの卒業生には、グーグル創業者のラリー・ペイジとセルゲイ・ブリン、アマゾン創業者のジェフ・ベゾス、元アメリカ大統領夫人のジャクリーン・ケネディ・オナシス、ノーベル文学賞を受賞したガルシア・マルケスなどそうそうたる面々が並んでいます。

　モンテッソーリ博士は世界中を回りながら、すべての年代の子どもたちの教育に関わり、その指導法を発展させ続けました。第二次大戦中にはインドに暮らしていたこともあります。その活動は１９５２年にオランダで亡くなるまで続きました。博士は自分の仕事は「暮らし方の教育」だと語っていました。つまりモンテッソーリは、教室のなかだけではなく、日々の暮らしのための教育なのです。

昔ながらの教育vsモンテッソーリ教育

昔ながらの教育法では、教壇に先生が立ち、この年齢の子どもは今日はこれを学ぶべきだと先生が考えた内容を教えます。いわゆるトップダウン方式、みんなで一斉に学ぶ勉強方法ですね。先生が、クラス全員がアルファベットのaを覚えられるようになったと判断したら、さあ今日はaを習いましょうと始めるわけです。

モンテッソーリ教育では、子どもと大人、学習環境の3つがそれぞれに結びついています。何を学ぶかを決めるのは子ども自身で、それを大人と環境がサポートします。

教具は簡単なものから難しいものの順で棚に並べてあるので、それぞれの子どもがそのとき興味を持った活動を、自分のペースで進めます。教師や大人はその活動の様子を観察し、それはできるようになったと判断したら、ひとつ難しい段階の教具の使い方を教えます。

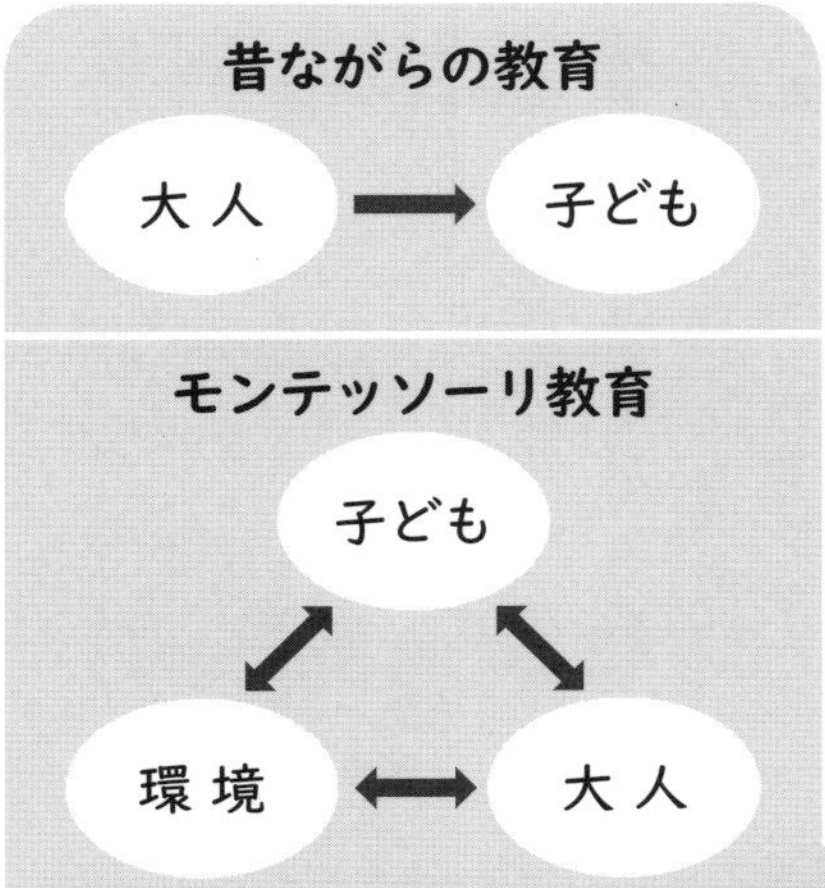

- 環境は子どもをひきつけ、子どもは環境から学ぶというように、環境と子どもはたがいに関係している
- 大人は環境を整え、観察し、子どもが必要とするように修正する
- もちろん大人と子どものあいだにも、お互いを大切に思う気持ちをベースにした関係がある
- 大人は子どもを観察し、脱線しないよう、必要な部分にだけ手を貸しながら、子どもがひとりでできるようになるのを見守る

モンテッソーリ教育の基本ルール

①環境を整えよう

◉子どもに合ったレベルの活動を用意する。**ちょうどいいレベルとは、まだ完全にはできないけれど、嫌になって投げ出してしまわない程度のもの。**

◉子どもがひとりで使えるような道具かどうかの確認。トレイは幼児でもひとりで運べるサイズか、こぼした水を拭くぞうきんはあるか、何度も描き直してもなくならないくらい、絵の具やクレヨンは足りているか、クラッカーにバターやジャムを塗るときに使うバターナイフは小さい子が使いやすい大きさか、水を飲むためのコップはいちばん小さいものか、など。

◉子どもの目からどう見えるかを確認するために、大人は床に座って準備をする。子どもの目線にあわせ、絵や作品は壁の低いところに貼り、植物のプランターは子どもが世話をしやすいよう、床かローテーブルに置く。すべてが子どもサイズに配慮されると安定が生まれます。

②学びたいと自然に思えるように

モンテッソーリ博士は、子どもには生まれつき学びたいという気持ちがある

環境を整えるとは

こういった作業は、単なる「整理整頓」とは違います。子どもたちにおもしろそうだと思わせ、自由に探検して、学べるようにするための準備です。

と考えました。赤ちゃんはおもちゃを手でつかむこと、立ちあがることを何度も繰り返して覚え、歩けるようになりますが、それはまわりの助けを借りつつ、自分の力で覚えていきますね。しゃべる、読む、書くといったことも、計算や社会のこともそれと同じように学べるのです。

③手を使った、具体的な学びをしよう

「こう考えるといい。子どもの知性は、手を使わなくてもある程度は成長する。しかし手を使えば、もっと高いレベルまで伸ばすことができるし、子どもの個性もより強くなる」――マリア・モンテッソーリ博士『子どもの心―吸収する心―』（国土社）

手は情報を具体的に脳へ伝えてくれます。音を聞いたり、物を見るだけでも情報は伝わりますが、聞いたり見たりするときに手が動いていると、脳はさらに深く理解できます。聞くだけ、見るだけでは受け身ですが、手を動かすことで自発的に学べるのです。

④敏感期

子どもには**あるひとつのことに特に興味を示す時期**があります。これを**敏感**

縦割りクラス
モンテッソーリスクールでは、いろんな年齢の子どもがひとつのクラスで学びます。小さい子は大きい子のやり方を見て学び、大きい子は小さい子を手伝ってあげることで自分の学びをより確かなものにします。

幼児の敏感期
敏感期にどんなことをすると子どもの興味をかきたてられるか、P.44の表にまとめました。

期と言います。そのことだけを学びたいと思っているので、無理強いしなくても楽に学べます。

大人はその子がいま何の敏感期なのかをよく見極め、さらに興味をかきたてるような活動をさせましょう。

大人の言ったことをそのまま繰り返したがるとか、しゃべり方を真似したがるときは言葉の敏感期。その子とおしゃべりするときにはそれまで使わなかったような言葉をたくさん使ってみましょう。すぐテーブルに登るなら、それはきっと運動の敏感期ですから、思いきり体を動かしましょう。家具によじ登るのはダメだけれど、枕や毛布を積み上げた迷路を作ったり、よじ登れる場所を作ってあげるといいですね。

⑤無意識に吸収する精神

生まれてから6歳までは、子どもはいろいろな情報をすいすいと身につけます。モンテッソーリ博士はこれを**吸収する精神**と書いています。生まれてから3歳までは無意識のうちになんでも吸収しているそうです。

子どもが簡単に学べるうちに学ばせることは、大人にとってはチャンスとも、責任ともいえるでしょう。

チャンスというのは、子どもが大人の姿からどんどん吸収するから。自分のまわりにあるさまざまな言葉をいとも簡単に理解しますし、家具や物をていねいに

敏感期を見逃したら

子どもの敏感期を見逃してしまったら、と心配しないで。たとえば字を読む敏感期を逃してしまったら読むことが苦手になるんじゃないかと思うかもしれませんが、逃してもちゃんと読めるようにはなります。ただし、大人になってから外国語を学ぶようなもので、敏感期よりは努力が必要になります。

吸収する精神

吸収する精神には、0〜3歳の「無意識の吸収」と、3〜6歳の「意識的吸収」がみられます（→P.234）。

幼児の敏感期

こういった敏感期が何歳で出てくるかは子どもによって異なる。

言葉

しゃべり言葉に対する敏感期。おとなの口元をじっと見る、唇をぶるぶるさせる、大人の言うことをそのまま真似するなどが続く、爆発的に言葉をしゃべりはじめる。書くことに対する興味は3歳半から、読むことに対する興味は4歳半から。

- いろんな言葉を使いたがる
- 物の名前をちゃんと言えるようになる
- 本を読む
- 幼児が反応できるようにゆったりと間を取ると、会話ができる
- その子がやりたがることをやらせてあげる

秩序

子どもは秩序のある状態が好き。モンテッソーリ博士によると、母親と一緒に歩いていた子どもが、上着を脱がされて泣き出した。子どもが泣いたのは「外では着ているはずの上着を脱がされた」からで、母親が上着を着せると子どもは泣き止んだという。

- 次に何をするのか子どもが予測できるよう、いつも通りの順番を決める
- どんな物にも場所を作り、すべての物がいつもその場所にあるようにする
- 子どもが「いつもと違う」ことで泣き出しても、それを理解してあげる

動きを身につける

幼児は歩くなど体全体を使った運動（粗大運動）と、手を使った遊びなどの運動（微細運動）を身につける。大きくなるにつれ、どちらの運動もスムーズにできるようになる。

- いろいろな場所に連れ出して、体をいっぱいに使った動きや細かい動きをする
- 思いきり体を動かしてもいい時間を作る

細かいもの

1歳半から3歳のあいだは、小さなことや、細かなものに興味を持つ。

- 細かい細工の物を飾る
  絵や花、手作りの作品など
- 子どもと同じ目の高さになるよう床に座り、そこから見ておもしろく見えるように室内を装飾する
- これらの条件に合わないものは外す

扱って、ほかの人にていねいに、親切に応対し、物をきちんと順番通りに置くといったように、生活を美しく整える大人の姿を、子どもはよく見ています。

それと同時に責任があるというのは、モンテッソーリ博士の言葉を借りれば、**「よく吸収するスポンジは汚れた水もあっというまに吸い込んでしまう」**からです。子どもはいいことも悪いことも簡単に真似します。何か落としたり、自分の失敗に納得がいかずいらいらと八つ当たりしたり、うまく絵が描けないと、これからうまくなるさとポジティブになれず落ちこむ大人の姿を見た子どもは、後ろ向きの感情や態度の悪さといった悪いことも、いいことと同じように吸収してしまいます。

感覚を研ぎ澄ます

子どもは身の回りを探検して、色や味、匂い、手触り、音などに興味を持つ。少し大きくなると、その感覚を分類するようになる。

- 屋内、屋外で、五感を使った探検がたっぷりとできるようにする
- 自由に探し回れる時間を作る
- 大人も一緒に探検する

礼儀、マナー

マナーに対する敏感期は２歳半から。大人はその前から、子どもに礼儀正しく接し、ちゃんとしたマナーをしてみせること。幼児は必ずそれを見て吸収している。

- 大人が言わなくても子どもはできるようになると信じること
- 家庭や日常生活のなかでも、知らない人に対しても、子どもの手本となるような礼儀やマナーを大人がしてみせること

子どもにとって良い手本になれるようできるだけ努力し、美しいものや、人に対する優しさを見せて、子どもに吸収させてあげる責任が、大人にはあるのです。

⑥ 自由と決まり

「モンテッソーリっていわゆるほったらかしで、子どもは好き勝手に遊んでいるんでしょう?」とか、その逆に「モンテッソーリスクールはとにかく厳しくて、子どもはおもちゃの遊び方まで決められてるって?」などと言われることがあります。

　モンテッソーリはどちらでもありません。ほったらかしと、厳しすぎのちょうど真ん中くらいです。

　モンテッソーリでは、子どもどうし尊重しあうこと、自分で学ぶこと、まわりを大切にすることなど、ほんの少しのルールしかありません。学校でも家庭でも、そのルールのなかでなら、なにを選ぶのも、遊ぶのも、考えるのも、子どもの自由です。

　家庭では、暑さ寒さなど季節に合ったものであれば、自分が着たい服を自由に選べるようにしたり、ちゃんと座って食べるなら自分でおやつを出して食べてもいいことにしてみましょう。思ったことを思った通りにやるのは、その子の自由です。でも、人の気持ちを傷つけたり、物を壊したりしないというルールは作りましょう。

子どもが自分で決める

　モンテッソーリスクールでは、自分が学ぶことは子ども自身が選びます。時間が許すなら同じことをずっとやっていても構いませんし、いつ休憩をとってもいい。他の子が活動をしているところをじっと見ていたっていいのです（ただし、それが他の子の邪魔にならないように）。まわりの子の迷惑にならなければ、教室を動き回るのも自由です。このように、大人はある程度のルールを作ったうえで、その子なりに決めた予定で成長することがあると信じ、子どもを見守っています。

⑦ 自立と責任

「自分でするのを手伝ってね」

モンテッソーリで学ぶ子どもは、ちゃんと自立していきます。それは子どもを早く大人にならせようと、教師がそうさせているのではありません。**子どもは子どもらしく**が基本です。モンテッソーリで子どもが自立するのは、子ども自身がそうしたがっているからです。

子どもは家族やクラス、社会の一員になりたい、もっと誰かのために何かしたいと思っています。自分で自分の靴を出せたとき、物を元の場所に戻せたとき、友だちを助けてあげたとき、子どもの顔には満足そうな表情が浮かびますよね。**自分のことを自分でできると、子どもの心は穏やかになります。**大人が大騒ぎしながら子どもの頭にTシャツをかぶせたり、ぶつぶつ小言を言いながらお風呂に突っ込んだりする必要はないのです。

自立することで、子どもは自分自身に対して、まわりの人に対して、どうやったらきちんと向き合えるかを学びます。

⑧ 発達はみんな違う

子どもはそれぞれに成長するペースが違います。

モンテッソーリでは、子どもにはそれぞれペースがあることも、エネルギー

ルールのもとでの自由

「自分がしなくてはいけないこともあるということを、どうやって子どもは覚えるの？」とか「ずっと子どものやりたいことを優先していたら、子どもがわがままにならない？」と言われることもあります。でも、子どもになんでもかんでも好きなことをさせるわけではないのです。親は必要に応じて、子どもはこうするべきという愛のあるルールをはっきり決めましょう。ルールが決まっていれば、まわりの人や自分自身を傷つければすぐ大人が止めに入り、子ども同士のけんかがおさまらないときはそっと公園から連れ出すこともできます。子どもの視点で物事を見られるようになれば、けんかの相手やまわりの人（親を含めて）を思いやったり、その場所をきれいに使うというお手本を、大人がまずしてみせることもできるのです。ルールのもとでの自由が大切なのです。

の強さや集中するタイミングがみな違うことも尊重します。**子どもによって学び方が違うことを尊重し、一人ひとりの成長を後押しする**のです。

⑨ 相手を大切に

モンテッソーリスクールの教師は、大人を相手にするのと同じように、子どもと接します。**子どもと話すときにもていねいな言葉づかいをします**し、体に触れる場合はまず「あなたを抱っこしてもいいですか？」と聞きます。そして子どもが自分なりに成長していくのを見守るのです。

だからといって、ほったらかしにするわけではありません。大人は必要に応じて、子どもにルールを決めます。決めるときは、子どもの言いなりではなく、大人の押しつけでもなく、お互いに尊重しあいながら、はっきりと。

⑩ 観察

モンテッソーリの基本は、観察です。観察することで、子どもの分析をしない、自分の出した結論に飛びつけない、先入観を持って子どもを見ない、子どもや状況について思いこみを持たないということを学ぶのです。

観察していると、いまその子がどういう状態にあるかがわかります。

自分で学ぶ

壊れやすいものの持ち方。友だちに「お手伝いするよ」と言うときはどう言えばいいか。自分の持ち物をどこにどうやってしまえばいいか。嫌なことを言ってしまったら、どうやって仲直りすればいいか。植物のお世話の仕方、人の気持ちを考えるにはどうすればいいか。教室をきれいにするにはどうすればいいか。子どもは自分で学びます。もちろん、幼児でも。

第3章

活動で子どもは発達する

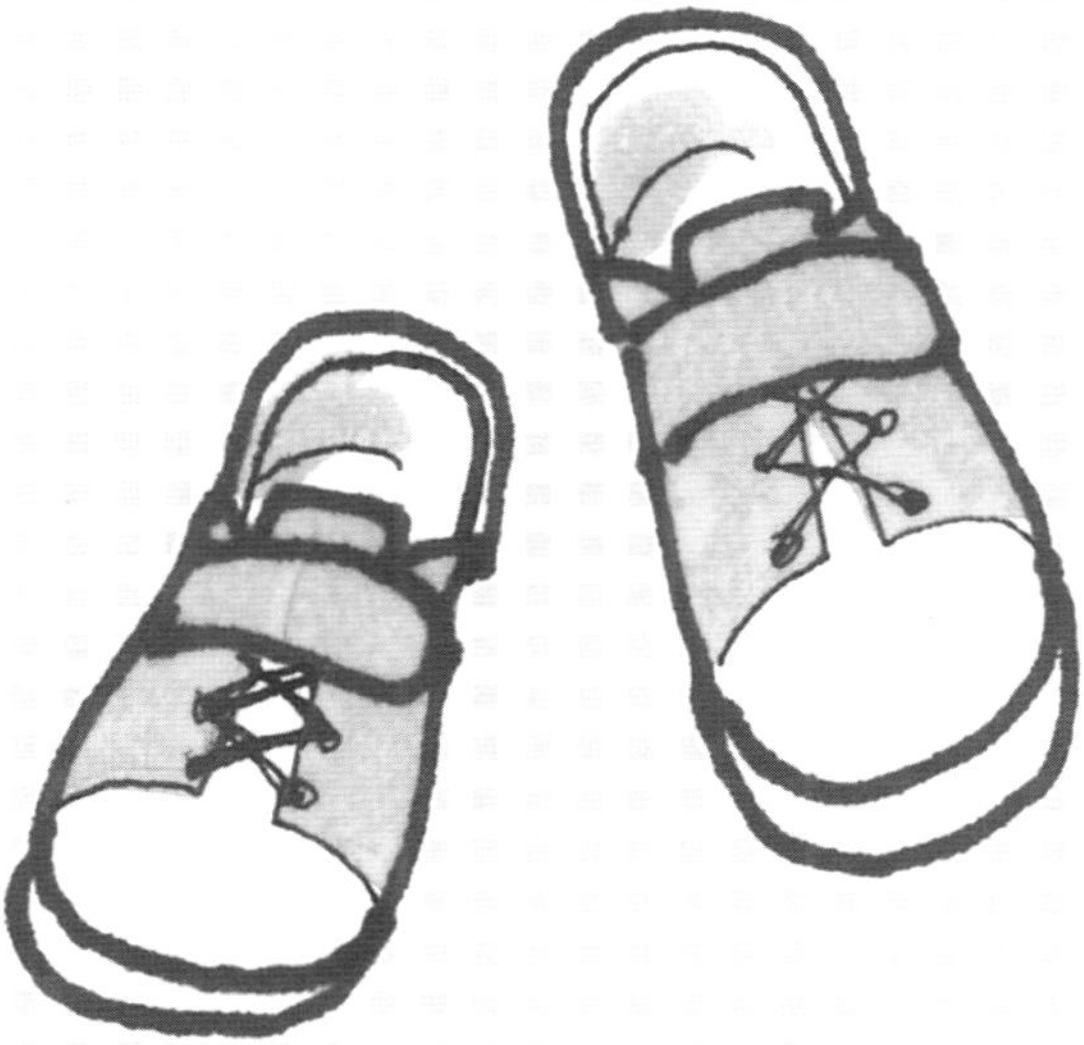

おうちモンテッソーリを始めよう

家庭でモンテッソーリを取り入れるには、まず「活動」から試してみましょう。

モンテッソーリの活動は、子どもの心も体もすべてを発達させるように作られています。大人はまず、子どもがいま何をしたがっているかをよく観察しましょう。そこから、子どもの興味に見合った活動を準備します。

モンテッソーリの幼児向けの活動は大きく5つに分けられます。

①目と手のつながり

②音楽や運動

③日常生活（家事）

④図画工作

⑤言葉

こちらもチェック

巻末（P.239）に幼児向けのモンテッソーリ活動を「幼児向け遊びのリスト」として一覧表にしました。年齢はあくまで目安です。子どもがどんな活動に興味を示しているかをよく見て、難しすぎたり、簡単すぎるものはすぐ片づけましょう。

どんな活動がモンテッソーリ？

モンテッソーリでは、**活動のことを「お仕事」と呼びます**。**教具を使った「お仕事」ではスキルをひとつだけ身につける**ようになっています。たとえば、箱にあいた小さな穴からボールを中に入れるというお仕事では、穴に入れるというスキルだけを身につけます。似たようなことをしているように見えても、市販のプラスチックのおもちゃでは押す、ボールを落とす、音を鳴らすなど、ひとつのおもちゃでいろんなスキルを使う作りになっています。

またモンテッソーリでは**教具や道具としてできるだけ木など自然素材のものを使います**。幼児は手だけでなく体のあちこちを使って物を調べたがるので、自然のものなら口に入れたりしてもまず安全です。またプラスチックとは違い大きさに応じた重さがあることも大切です。活動に使う道具を入れておくのも、布製のカゴなど自然素材のものがいいでしょう。手作りのものは木製のおもちゃとマッチするので、片づけてもきれいにまとまります。

ひとつの活動に必要な教具は、トレイかカゴにすべてまとめておきましょう。子どもがひとりでその活動をするときに必要なものは全部、ひとつのトレイにそろえておくのです。たとえば、水を使う活動の場合には、教具と一緒にこぼれた水を拭くためのスポンジやぞうきんもトレイに載せておきます。

子どもはひとつのことを何度も繰り返してできるようになります。必ず、**そ**

活動の3段階

ひとつの活動のなかには「始め」「途中」「完成」の3段階があります。子どもは活動の一部分から始め、少しずついろいろな部分ができるようになり、ついには最初から最後まで、その活動をすべて通してできるようになります。もちろん、使い終わった道具を片づけることまでがひとつの活動です。活動に取り組んでいるあいだの子どもは穏やかで、全部できるようになれば満足します。たとえば、花を活けるという活動では、最初は花びんに水を注いだり、水をこぼしてスポンジで拭くことばかりおもしろがるかもしれませんが、少しずつ手順を覚えると、ひとりで花びんに水を入れ、花をきれいに飾って、できたら道具をしまい、こぼれた水を拭くようになります。

の子に合ったレベルの活動をするようにしましょう。簡単すぎてもダメだし、もういやだ！　と放り出すほど難しくもない、がんばればできるようなものを。
どんな活動を選ぶかは、子どもの自由です。わたしのクラスでは、子どもがやりたいものを選びやすいよう、その年齢の子にできるお仕事だけをよく考えて並べています。

活動のやり方を教える

子どもが興味のあるお仕事を選んで始めたら、大人は途中で止めたりせず、好きなだけやらせましょう。何か落としても大人は動かず、子どもがどんな反応をするか、自分で拾うかどうか、ただ見ていましょう。うまくできないといらいらし始めたら、そっと近寄って「見て」と言い、ゆっくりともう一度、たとえばビンのふたをゆっくりと回してみせ、すぐに後ろに下がって、子どもを見守るのです。

●子どもにお仕事をしてみせるときのポイント

◉その動きだけを、ゆっくりと、子どもがちゃんと見えるようにする。たとえば、ボタンを外すなら、その動作を細かくいくつもの手順に分け、ひとつひとつ、**ゆっくりとみせる**こと

できたという感覚

モンテッソーリでは、最初から最後までやることに意味があります。ひとつの活動を最後までやって、できたという感覚を持つことが子どもにとって大切なのです。だから、パズルをやっていて、途中でピースが足りないと泣き出してしまったら、そこでいったんやめて教具ごと全部片づけましょう。

◉してみせているあいだは、**言葉で説明しない**。大人が声を出すと、子どもはその口元に目がいくので、動作を見られない

◉何度もして見せる場合は、**必ず最初と同じ動きにする**こと。同じ動きなら子どもは見落とした手順にすぐ気づく

◉物を持つ場合には、**子どもが持ちやすいやり方にする**こと。たとえば、トレイやグラスを持つときは両手を使うように

◉子どもが手伝わないでというなら、「押して、押して」といったように言葉で助けてもいい。子どもがひとりで全部できるようになるまで、全部ひとりでやらせる。できなくてぷいと向こうへ行ってしまっても、また戻ってやり始めることもある

SHOW（やってみせる）

※「SHOW」はそれぞれの頭文字

- **S** SLOW ▼ ゆっくりと
- **H** HANDS ▼ 両手で
- **O** OMIT ▼ 使わない
- **W** WORDS ▼ 言葉を

これはモンテッソーリを学んだ友人、ジャンヌ・マリー・ペイネルに教えてもらった、大人のための合い言葉。子どもにとって初めてのことを教える場合には、ゆっくりと手を動かし、言葉を使わないですることが肝心。

子どもに楽に理解してもらうには、大人がその動きをゆっくりと、わかりやすく行うだけ。動きながら言葉で説明してしまうと、子どもは話を聞いたらいいのか、動きを見たらいいのかわからなくなってしまう。大人は口を閉じ、ゆっくりと動くことに集中しよう。

モンテッソーリを行ううえでの共通ルール

①子ども主導でやる

子どもの興味やペースが優先です。子どもがやりたいことを選べるよう、ゆっくり時間をとりましょう。

②お仕事は好きなだけ

早くできるようにと大人が急かしてはいけません。たとえ上の子や下の子が待っていても。ひとつのお仕事をやり終えたら、もう一度やりたいか聞いてみましょう。何度やってもいいとわかれば、子どもはそのお仕事を完璧にできるまで繰り返しやりますし、集中力も高まります。

③たしかめクイズはなし

ついつい、子どもが分かったかどうかを確かめるようなクイズを出してはいませんか。「これは何色?」「このリンゴ、何個ある?」「おばあちゃんに上手

子どもの邪魔はしない

子どもが集中しているときはとにかく邪魔をしないこと。ほんのひとこと声をかけただけで子どもの気がそれ、全部できそうだったのに台なしにしてしまうかもしれません。子どもの方から大人に意見を求めたり、いらいらしているようなら手を貸してもいいですが、子どもが自分で終わりにするまでは、ごはんを食べなさいと声をかけるのは待ちましょう。

に歩けるところを見せてあげられるかな?」などど、わたしも息子が小さい頃にはよくやっていました。ちょっとしたことでも、これできるよね？　と何度も聞いたり。

　でもいま思えば、それはわたしが子どもを試していたのです。大人は自分の用意した答えとは違うことを子どもが言えば、「青じゃないよ、黄色」などと言います。でもそれが子どもの自信をなくさせてしまいます。

　たしかめクイズはやめて、物に名前をつけてもらったり、より好奇心が高まるようなことを言って、子どもがどんなことをできるようになったのか、どんなことをできるようになろうとしているのかをちゃんと知っておきましょう。

④お仕事が終わったら片づける

　子どもがお仕事を終わりにするなら、道具を元の棚に戻すよう声をかけましょう。これを習慣づけると、物事にははじめと中間、終わりがあると子どもは学びます。また道具をいつも棚の同じ場所に戻すことで、整理整頓になりますし、秩序が生まれます。

⑤とにかく、大人がしてみせる

　子どもは大人のやること、自分のまわりにいる人がしていることを見て学び

片づけの流れ

　幼児のなかでもまだ小さい子には、まずどこに何があるかを見せ、それからお仕事が終わったら道具をそこに片づけるという流れをしてみせましょう。そのあとで、子どもに自分で棚から必要な道具を取ってこさせます。小さい子の場合は、子どもがカゴの片方を持ち、もう片方は大人が持つようにするとよいでしょう。たとえば空っぽの棚をとんとんと叩いて示してあげるといったような、自分で片づけさせる声かけを続けていれば、片づけることが当たり前になります。そのうちに子どもは自分でどんどん片づけるようになるでしょう。

　そうは言っても、やりたがらない日もあるでしょう。そんなときは、やりなさいと声を荒らげるのではなく「かわりにやってほしい？　いいよ、それじゃこれを持ってあげるから、あなたはこっちを持っていって」というふうに声をかけてみましょう。

ます。小さな子どもでもちゃんとできるということをいつも頭において、そのお手本になるような動きをしましょう。椅子を持ち上げるのは必ず両手、テーブルや棚に腰を掛けないなど。何かを運ぶときには一度にひとつずつ持つようにしましょう。

⑥何を使ってもいいけれど、よくない使い方は止める

子どもは、教わったのとは違うやり方でやってみたいと思うことがあります（だいたいが大人の考えもしないこと）。モンテッソーリでは、**それは間違っているとやめさせると子どもの創造性を制限することになる**と考えています。道具を壊したり、本人やまわりの子が怪我をするようなことでなければ、わざわざ止めなくてもよいでしょう。あとから、そのお仕事は何をするためのものかを、その子の前でもう一度してみせる、と大人が心に留めておく程度でよいのです。たとえば、子どもがじょうろでバケツに水を注いでいたら、その場ではなく別のときに、じょうろを使って植物に水をやるところを見せましょう。

⑦その子のレベルに合ったものに替える

お仕事を少し簡単なもの、あるいは少し難しいものに替えてあげるのもいいでしょう。丸や四角のブロックを同じ形の穴にはめるお仕事がうまくできない

こんなときは

よくない使い方をしていたらやさしく止めましょう。たとえば「窓にガラスのコップをぶつけてはいけません」とていねいな言葉で止め、コップは水を飲むためのものだという動きをやってみせます。それから、ドラムをたたくとか、小さなハンマーでくぎを打つといった、物を叩くスキルを身につけられるお仕事をしてみせましょう。

教具の数

小さい子の場合、教具が少ないほうが集中できることもあります。わたしのクラスにある、小屋の形をした木箱のなかには、動物のおもちゃはいつも5個から8個しか置いていませんが、子どもたちがかわるがわる手にとるにはそのくらいがちょうどいいのです。もう少し大きい子どもの場合は、数を増やしてもいいかもしれません。

ようなら、それより簡単にできる、円筒形のブロックを子どもに渡し、難しいものは大人がさっと片づけます。じっくりやってできるようになったら、難しい形のものをいくつか加えてみましょう。

⑧お仕事を入れる棚は、簡単なものから難しいものへ順に並べる

お仕事を入れる棚は、いちばん左に簡単な教具を入れ、右に行くにつれて難しくなるようにそろえましょう。子どもは、左から順に進めていきます。もし、いまやっているものは少し難しいなと思ったら、ひとつ左側のお仕事に戻ります。

⑨手に入るものを使う

この本に載っているものを全部買いそろえる必要はありません。ここで紹介しているのは、あくまで幼児が興味を持ちそうなお仕事の一例です。家にあるもので、似たものを作ってみましょう。

⑩小さなもの、尖ったものには注意

モンテッソーリの活動では、小さな道具やカッター、ハサミを使います。そ

家にあるものを使う

◆子どもが、自販機にお金を入れることに興味を示していたら、わざわざ貯金箱を買うより、空き箱に細い切れこみを入れて、そこに手芸用のボタンを入れる遊びを取り入れてみる

◆子どもがひもに興味を示したら、乾麺や靴ひもを絡ませて端に大きな結び目を作っても

◆子どもが開ける、閉めるといった動きに興味を示していたら、きれいに洗った空きビンで好きなだけふたの開け閉めをさせてみよう。使わなくなった財布やポーチなど、留め金が違ったものもおもしろい。中に何か入っていると、宝探しのように楽しめる

ういう道具を使うお仕事は、必ず大人が一緒にやりましょう。いちいち気をつけてと声をかけるのではなく、じっと見守り、安全に使えているかチェックしましょう。

お仕事の準備

幼児は目で見ておもしろそうなお仕事を選びます。ただ棚に並べればいいわけではありません。ちょっと工夫して、子どもの興味を引くような並べ方にしてみましょう。

①棚に、見せるように

教具を箱に入れて棚にしまうよりも、どんな教具なのかが**子どもにも見えるように**、出して並べてみましょう。

②おもしろそうに見えるように

教具を**カゴかトレイに並べる**と、子どもにはおもしろそうに見えるものです。あまり興味を示さなくなったものは、別のトレイに変えるとまた興味を持つこ

お仕事の準備例についてはP.16～17もご覧ください。

とも。

③使うものがすべてあること

トレイでもカゴでも、そのお仕事で**使うものはすべてそこにそろえておきましょう**。たとえば、粘土のお仕事のトレイには、容器に入れた粘土と一緒に、形をつくったり切ったりするための粘土ベラのセットと、テーブルに傷をつけないための粘土用マットをのせておきます。

④子どもが最後までひとりでできるように

たとえばお絵かきのスペースでは、イーゼルの両脇にフックをかけ、片方にはエプロンを、もう片方にはこぼしたところや手が汚れたときに拭いたり、使い終わったらイーゼルを拭くための濡れぞうきんを下げておきます。カゴに新しい紙を入れて置いておけば何枚でも描くことができますし、洗濯ひもを渡して洗濯バサミをいくつかつけておき、描いた絵をそこへぶら下げて、乾かせるようにしておくといいでしょう。小さな子には大人の手伝いも必要ですが、だんだんと最後まで自分ひとりでできるようになります。

⑤もとどおりにする

先にできあがったものを見ると、いまからやる子はつまらなく思ってしまいます。お仕事のあとは、作り終えたものをそのまま戻すのではなく、**ばらばらに、元通りにしてトレイに並べる**ようにしましょう。

お仕事の種類

①目と手を一緒に

幼児はつねに、手をぎゅっと握ったり、両手を一緒に使えるように練習しています。それがもっと上手にできるようになるお仕事を紹介しましょう。

●ひもを使ったお仕事

◉1歳前の赤ちゃんは、フックにかけた大きい輪っかを外してまたかけられる

◉小さな幼児なら、輪っかをいくつも使って、大きなものから小さなものへ順に並べてかけられる

◉赤、青、黄の3色のフックに同じ色の輪っかをかける遊びもある。最初は、フックの色に関係なく輪っかをかけて遊ぶが、そのうちに赤の輪っかが青のフッ

ひもを使ったお仕事

ひもを使うと、幼児は手をしっかり握るようになり、目と手を一緒に、スムーズに動かせるようになります。ひもを使って、両手を同時に動かす練習もできます。

クに掛かっていることに気づくと、赤の輪っかを赤のフックに移して、色を合わせるようになる

◉それができるようになったら、輪っかをフックにかけるのではなく、テーブルに置いて横に動かして並べる。これは「体の中心線を越える」動きにつながる。手を体の片方の側から、おへそを越えて反対側へと動かす動きができるようになる

◉輪っかを並べられるようになったら、次はビーズのひも通しに移ろう。まず子どもに木のビーズを何個か渡し、それを30㎝くらいの木の棒に通す遊びからはじめる

◉それができるようになったら、次はビーズを靴ひもに通す。靴ひもの端、3～4㎝のところに木の留め具をつけたものを用意する。留め具がついていた方が、小さな子にはやりやすい

◉最初は大きめの木のビーズを、普通の靴ひもに通すことから

◉ビーズはだんだん小さいものへ、靴ひもはだんだん細いものへ替えていく

●落とすお仕事

◉1歳前の赤ちゃんは、箱にボールを入れたり、ハンマーを叩きつけて穴にボールを押し込む遊びを楽しむ

◉1歳ごろになると穴の形に合わせて物を押しこむようになるので、円柱を筒に押しこむ遊びを始めてみよう。それができるようになったら、サイコロと

落とすお仕事

このお仕事では、容器のなかへ物を入れるという動きを学び、そこから物は置いたところに必ずある、いったん目には見えなくなっても、ちゃんとその場所にあるということを理解できるようになります。

か、三角柱のような形のものを試すといい

◉指先が器用になってくると、子どもはポーカーのチップのような大きなコインを細い切れ目に押しこむようになる。わたしのクラスでは、カギつきの貯金箱にコインを入れるのが子どもたちに大人気

●開けたり閉めたりするお仕事

◉使わなくなった、留め金がついたポーチや空きビン、カチッと止まるタイプの保存容器、ファスナーで開ける財布などにいろいろな宝物を入れておいて、子どもに自由に開けさせる。宝物は小さな人形とか、サイコロやこま、キーホルダーなどがいい

◉カギをかけられる箱をいろいろ用意して、子どもにタイプの違うカギをかけたり、開けたりさせてみる。南京錠もおもしろい。箱の中にはちょっとしたものを入れておく

●フックと輪ゴム、ナットとボルトを使ったお仕事

◉板につけたフックからフックに輪ゴムを引っ張ってかける遊びで、力加減を調整できるようになる

◉片方の手でボルトをしっかり持ち、もう片方の手でナットを回してしめる遊びをすると、両手を一緒に使う動きを身につけられる

◉いろいろなサイズのナットとボルトがあると、子どもは大きさごとに並べら

開けたり閉めたりするお仕事

いろいろな容器を開けたり閉めたりするのも、子どもの手を発達させるのによいお仕事です。

フックと輪ゴム、ナットとボルトを使ったお仕事

これは手先を器用に動かせるようにするお仕事です。

れるようになる

●選ぶお仕事

1歳半くらいになると、物を色や形、大きさで分けることに興味を持ち始めます。同じジャンルのものをいろいろ集めてあげましょう。子どもと一緒に海岸や森、庭で拾い集めるのもおもしろいですね。

◎2、3種類の色や大きさ、形があるボタン

◎2、3種類の貝殻

◎殻がついたままのナッツ。2、3種類あるのが望ましい

●手で触って中身を当てる遊び

中身が見えないような袋に、いろいろなものを入れます。子どもは袋の中に片手を入れて、手触りだけでそれが何かを当てます。その逆に、大人が名前を言ったものを手触りで袋の中から取り出す遊びもおもしろいでしょう。

◎袋の中には、何かテーマを決めてそれにまつわるものを入れてもいいし、特にテーマもなくいくつか入れてもいい。同じものを2個ずつ入れても

◎カギやスプーンなど、形がはっきりわかるものを。動物のおもちゃなどは、意外に手触りでは区別がつかないもの

●パズルのお仕事

選ぶお仕事

まとめて大きな入れ物に入れ、そこから子どもがより分けるお仕事です。小さな入れ物をいくつか用意しても、仕切りのついた容器のなかで分けても。

手で触って中身を当てる遊び

2歳半くらいになると、手触りだけでそれが何かを当てるのがおもしろくなります。そこで袋の中に入っているものを、手で触って当てる遊びをしてみましょう。いわゆる、箱の中身はなんだろな？　ゲームです。

◉小さい子はまず、ピースが大きい、3つから5つでできる型はめパズルから始めるといい。最初は自分でピースを外せないかもしれないが、それも手先が器用になるための練習。難しいようなら、大人が外すところをしてみせると、子どももそれを真似てできるようになる
◉1歳半を過ぎると、ひとつのピースがもう少し小さくなった9ピースの型はめパズルや、型はめでないパズルもできるようになる
◉それができるようになると、次はジグソーパズル。すべてのピースが同じ大きさの一般的なジグソーパズルや、ピースが木などの何かの形になっているものなど、いろいろな種類を。ピースの数が増えるほど難しくなる

② 音楽や動き

●音楽

人間はみな体を動かすものですし、どこの国にも古くから伝わる歌や踊りがあるものです。でも、家庭で子どもに音楽を楽しんでもらうのに、大人がプロ並みの演奏をする必要はありません。大人が音楽を楽しんでいれば、子どもも楽しむでしょう。一緒に歌を歌うのもいいですし、楽器を演奏したり、子どもが作るリズムを真似したり、子どもの動きをそっくり一緒にやったり、音楽をかけて、急に止めるといったゲームをやるのも楽しいものです。

幼児もできる楽器はいろいろあります。

パズルのお仕事

赤ちゃんやまだ小さい子でも、パズルをばらばらにするのは好きです。小さい子にはピースが板の型にぴったりはまるような、型はめパズルがいいでしょう。1歳半になると、単純な形のピースならはめられるようになります。

注意したいこと

子どもと大人では、ジグソーパズルの作り方が違います。大人はまず角を見つけ、枠を作っていくのが普通ですが、子どもはピースを全部見て、どれがどこにはまるかを考えています。子どもが初めてジグソーパズルをするときには、まず大人が先にしてみせるか、はまりそうなピースを2個ずつ渡して一緒にやるのがいいでしょう。だんだんとひとりで全部できるようになります。

- マラカスやタンバリン、ひょうたん、シェイカーなど、振って音を出すもの
- シロフォン、ドラム、トーンブロックなど、棒で叩いて音を出すもの
- ハーモニカやリコーダーなど、息を吹き込んで音を出すもの
- オルゴールなど、ハンドルを回して音楽を演奏するもの

音楽を聴くこともよいお仕事です。昔ながらのやり方かもしれませんが、ＣＤプレーヤーや古い型のｉＰｏｄなどの音楽プレーヤー（音楽しか入れられないもの）なら、子どもが自分で聞きたい曲を選ぶことができます。子どもがひとりで広げられるダンス用のフロアマットもあるといいですね。音楽がかかると体を揺らし始める子どもは多いです。家族で楽しんだり、見たりするようなその国ならではの踊りもありますし、「バスにのって」や「あたま かた ひざ ポン」のような遊び歌を歌いながら体を動かすのもおもしろいでしょう。

体を動かす

子どもが体を動かせる機会をできるだけ作りましょう。

- 走る
- ジャンプする
- スキップする
- その場でぴょんぴょん跳ぶ
- 腕でぶら下がって移動する（サルが木の上を渡るように）
- 自転車に乗る

コンサートもお勧め

子どもをコンサートに連れていくのもいいですね。子ども向けのコンサートもたくさん開催されていますし、終了後に楽器を見せてもらえるイベントもあります。

◉登る

◉滑る

◉バランスをとる

◉ボールを蹴る、ボールを投げる

できれば、庭や近くの森、公園、広場、海岸、山、川、湖など、屋外で体を動かしましょう。

スペースさえあれば、屋内で体を動かすこともできます。

子どもは隠れるのも好き。毛布や椅子、ハンモックやテントなどを使って隠れる場所を作ってみましょう。草ぼうぼうの庭も、かくれんぼには最高ですね。

③日常生活

●おうちのなかの家事

モンテッソーリ博士は、学校を立ち上げたばかりの頃に、子どもたちが教室を片づけたり、自分のことは自分でしたり、友だちの手伝いをしたり、学校の雑事を手伝いたがることに早々に気づきました。そこで子どもでもうまくできるよう、小さいサイズの道具を用意したそうです。

子どもがいる人は、幼児でも家のお手伝いをしたがることをよく知っていることでしょう。自分で自分のことをしたり、部屋を片づけたりといった家事に参加したいと、子どもは思っています。大人は面倒に思うこともありますが、

一緒に家事をするときのポイント

何をするにしても、楽しくやることを心がけましょう。面倒に思う前にやめましょう。そして、いつでも学ぶ心を!

◆洗いたいものだけ洗うようにする。子どもに使わせるなら水と粉せっけんか、旅行用の小さいボトルに入ったシャンプーを

◆子ども用の掃除用品を準備する。テーブルにこぼしたときすぐに拭けるよう、手袋型のふきんや、床にこぼしたとき用に子どもサイズのほうきやモップを

◆2歳以下の子どもには、手順が1つか2つの作業がいい。それができるようになってから、少しずつ手順を増やす。たとえば、最初はエプロンをつけるところだけ自分で。そこから、使い終わったらテーブルを拭くとか、汚れた服を脱いで洗濯カゴに入れる、といったように、作業を増やす

◆その作業を自分でやったということが大切。できは二の次。

幼児は家事が大好きなのです。それに、家事に参加させると子どもに落ち着きが出るものです。

家事を手伝うと、手順を身につけることができます。皿を洗うお手伝いなら、テーブルからお皿を下げ、エプロンをつけてから、皿を洗って拭くという一連の流れを覚えられます。

子どもと一緒にやると、どうしてもゆっくりになりますし、目を離すわけにはいきません。それに、あまり仕上がりがよくなくてもしょうがないと思わないといけないでしょう。バナナを切ってと言ったらぐちゃぐちゃにつぶれていたり、豆のすじを取ってと頼んだら端が残っていたり。それでも、最後までやると子どもはぐっと成長します。

子どもが家庭でできるお仕事を紹介しましょう。

○植物の世話

植物に水をやる、葉っぱについたほこりを払う、種をまく、小さな花びんに花を活ける（水やり用の小さなじょうろと、花びんに水を足す用の小さな水差しを使う）

○料理の準備

野菜を洗う、卵をかき混ぜる、自分が食べる分のコーンフレークを小さな容器からスプーンですくって皿に入れ、小さな容器から牛乳を注ぐ

○おやつ

子どもがやると時間がかかるし、仕上がりもきれいとはいえないが、子どもはそのスキルを学んでいる途中なのだ。家事ができるようになれば、大人になってもずっと自分でするようになる

◆その子ができる方法を考える。まだ小さいうちは、簡単なことを。1歳半の子どもがたくさん服が入った洗濯カゴを運びたがるなら、そのなかからTシャツだけ取り出して運んでもらう。あるいは、洗濯カゴよりも夕食の準備でレタスを洗っておいてと頼んでみよう。2歳を過ぎたら、もっといろいろできるようになる

◆カゴやトレイ、収納ケースなどに、子ども用のお手伝い道具を入れておく。たとえば、窓ふきに使う道具はこのカゴというように

◆お金をかける必要はない。家庭にあるもので、お財布に優しい遊びを考えよう。誕生日やお祝い事のプレゼントには、数あそびのセットや、木製の子ども用ほうきなども候補に加えてみては

子どもの手が届く場所におやつコーナーを作り、その日食べていい分のおやつを、子どもと一緒に毎日入れておく。そこから食べられる分だけ自分で出して食べる、果物の皮をむいて小さく切る、クラッカーにジャムを塗る、オレンジを絞ってジュースを作る、小さな水差しから自分で水を注いで飲む

○**食事**
テーブルに食器の準備をする、使った食器を片づける、皿を洗う

○**パンを焼く**
生地をこねる、材料を量る、材料を入れる、かき混ぜる

○**掃除**
床を掃く、ほこりを払う、こぼしたところを拭く、窓を拭く、鏡を磨く

○**ペットの世話**
エサをやる、イヌの散歩を手伝う、ペット用の水を入れる

○**自分のことを自分でする**
鼻をかむ、髪をとかす、歯を磨く、手を洗う

○**着替える**
靴下を履く／脱ぐ、靴の面ファスナーを留める、Tシャツを着る、ズボンを上げる／下ろす、コートを着る、ファスナー／留め金／ボタン／靴ひもの開け閉めの練習

○**洗濯の手伝い**
汚れた衣類を洗濯カゴに入れる、洗濯機に洗うものを入れる、洗剤を洗濯機

日常生活に必要なスキルを身につける

わたしは、子どもが自分からやろうとするうちにちゃんと基礎を身につけるといいといつも言っています。小さいうちに、家事など日常生活に必要なスキルが身につくと、子どもは自分のことは自分でできるようになりますし、ほかの人の世話（ペットも含めて）をしたり、まわりのことに気がつくようになるのです。

に入れる、洗い終わったものを洗濯機から出す、乾いた衣類をたたむ

○家に泊まりにくるお客様のために準備をする

ベッドメイキングをする、お客様用のタオルを出しておく、おもちゃを片づける

○スーパーでの買い物

絵を描いた買い物リストを作る、買い物袋を棚から出す、買い物カートを押す、買い物袋に買ったものを入れる、買ったものを入れた袋を持つ、家に着いてから買ったものを袋から出す

○ボランティア活動

人助けを学ぶのに早すぎることはない。我が家では、子どもが小さい頃から週に1度は近所の老人ホームにお年寄りを訪ねていた。お年寄りは赤ちゃんや小さい子に会うのを1週間のうちでいちばんの楽しみにしてくれたし、子どもたちも小さい頃から、誰かの役に立つことは素敵なことだという意識が身についた

●家事のお手伝いをするメリット

家事をすると子どもは素直に楽しむだけでなく、いろいろ大切なことを身につけます。

◉自分が責任を持ってやることは何か、子ども自身がちゃんと考える

◉子どもと大人が一緒に何かを作ったり、練習したりして、その活動をできる

ようになる

- 一緒にすることで、絆が生まれる
- 家事を覚えるには毎日の繰り返しが大切。そこから集中力がつく
- 子どもは自分も家族の一員だという意識を持ち、自分も家族のために何かしていると思えるのがうれしくなる
- 家事にはいろいろな手順があるが、子どもに集中力がつくと、手順を増やすこともできる
- 家事でたくさん体を動かすうちに、指先が器用になり、大きく体を使えるようにもなる。水をこぼさずに注げるようになる、こぼしたらスポンジで拭けるようになる
- 家事をするなかで、たくさんの言葉に触れることができる。何をするか大人と話しあったり、台所用具や食材、掃除用具の名前を覚えたりする
- 子どもは新しいスキルを身につけ、自分のことを自分でできるようになり、自信を持つ

④ 図画工作

モンテッソーリ教育を受ければアーティストは生まれるかと聞かれたモンテッソーリ博士は、こう答えたそうです。「アーティストが生まれるかどうかはわかりません。ですが物をしっかり見る目と、感情豊かな心、そして思う通

モンテッソーリでないおもちゃはどうすれば？

　モンテッソーリスクールは家庭とは違います。モンテッソーリスクールには市販のおもちゃは置いていませんが、家庭で自由に遊ぶときには、市販品でもよく考えて選んだものを使ってもいいでしょう。これからモンテッソーリを始めるなら、すでに家にあるおもちゃをよく見てみましょう。お気に入りのものだけ部屋に置いておき、もう使っていないものはどこかに寄付しましょう。いずれまた使いそうなものは箱に入れてしまっておいてもいいでしょう。

りに手を動かせる子どもは生まれますよ」。幼児にとっては、図画工作の活動は自己表現であると同時に、体を動かしたり、いろんな材料に触れることでもあります。**大切なのは、でき上がった作品よりも、作る過程の方**です。

●図画工作の活動の種類

◎小さい子はまずお絵かきから始めよう。紙の上を滑りやすいクレヨンや色鉛筆を用意する。太い鉛筆のほうが小さい子には握りやすく、描きやすいし、細いものよりしっかり色が出る。クレヨンも、蜜蝋や大豆でできたものなら小さな子にも安心

◎お絵かきができるようになったら、水彩画の活動をやってみよう。まず1色か2色から始める。トレイには水を入れる小さなビン（小さいジャムのビンがぴったり）と、絵筆、水彩絵の具をのせた絵皿を準備しておく。テーブルを汚さないための下敷きに、画用紙を1枚のせておく。たくさん描きたくなったらすぐ出せるよう、新しい紙と、水をこぼしたときに拭けるよう、ぞうきんも一緒に

◎1歳半ごろから、大人と一緒にハサミを使ってみよう。切るお仕事では、刃先が丸くなっていて、ちゃんと切れる本物のハサミを使って、安全な使い方を教える。ハサミを使うときは必ず席に座ることと、刃の部分ではなく持ち手を握ることを大人がしてみせる。最初は持ちやすい小さな紙を切って、細かく切ったものを集めて小さい封筒に入れ、のりで封をする

モンテッソーリでも使えそうな市販のおもちゃ

◆デュプロやレゴのブロック
◆木のブロック
◆はたらく車や緊急車両、農場で使う車などのミニカー
◆農場にいるような動物のおもちゃ
◆日常生活をテーマにしたプレイモービルのセット（プリンセスとか海賊とか、ファンタジー系のものは避ける）
◆木製の転がるボールセット
◆外遊びで見つけてきた自然のもの
◆お道具セット
◆電車遊びのセット
◆ボードゲーム

家事を子どもと一緒にやるにはどうしたらいいだろう。年齢別に、いくつか紹介しよう。

1歳～1歳半

ベッドルームで

・おむつ／下着を取ってくる
・汚れた服を洗濯カゴに入れる
・カーテンを開ける
・２つのうちどちらを着るか、自分で決める
・大人に手伝ってもらいながら、着替えをする
・靴下を脱ぐ

その他

・大人に手伝ってもらいながら、おもちゃの片づけをする
・靴を出す
・親の手伝いをする（「じょうろを取ってきてくれる？」などに答えて）
・電気のスイッチをつける／消す

1歳半～3歳

ベッドルームで

・ベッドカバーを引っぱって、ベッドメイクの手伝いをする
・その日着る衣服を選ぶ
・少し手伝ってもらって、自分で着替えをする

その他

・小さな花びんに花を活ける
・カバンやリュックに、持ち物を入れる
・コートを着る
・面ファスナーで留める靴を履く
・植物に水をやる
・おもちゃ箱におもちゃを入れ、棚にしまう
・窓を拭く
・洗濯機に洗濯物を入れる、洗濯が終わったら出して、カゴに入れる
・靴下や衣類を色別に分ける
・スーパーで品物を取る、カートを押す
持ち帰ったものを袋から出す
・ごみを捨てる
・イヌの散歩に行くときにリードをつける、イヌのブラッシングをする

3歳～4歳

ベッドルームで

・ベッドメイクをする、カバーを広げる
・服をたたんでタンスやクローゼットにしまう

その他

・ペットにエサをやる
・リサイクルのお手伝いをする
・洗濯物をたたむ
・靴下をたたむ
・掃除機をかける
・リモコンキーで車のカギを開ける

こんな家事は何歳から？

1歳～1歳半

キッチンで

- コップに水や牛乳を注ぐ。こぼしても少量で済むよう、水や牛乳は買ってきたままの容器ではなく、子どもが持てる大きさの容器に移し替えておく
- コーンフレークに牛乳をかける
- コーンフレークをスプーンですくってボウルに入れる
- 手袋型のふきんでこぼしたところを拭く
- 食べ終わった皿をキッチンへ運ぶ
- コップを使って自分で飲む

お風呂で

- 自分で髪をとかす
- 大人に見てもらいながら、自分で歯みがきをする
- 自分で手を洗う
- お風呂のおもちゃを片づける
- タオルを自分で出してタオル掛けに掛ける

1歳半～3歳

キッチンで

- おやつやサンドイッチの準備をする
- バナナの皮をむいて切る
- ミカンの皮をむく
- 果物や野菜を洗う
- オレンジジュースを絞って作る
- テーブルに食事の準備をする／お皿を片づける
- テーブルを拭く
- ほうきとチリトリで床を掃く
- お父さん、お母さんのためにコーヒーを淹れる（コーヒーメーカーのスイッチを入れる、カップとソーサーを準備する）

洗面所、お風呂で

- 鼻をかむ
- 歯を磨く
- ボディーソープで体を洗う（容器は旅行用のミニサイズのものを、こぼしても少量で済むように）
- 顔を洗う

3歳～4歳

キッチンで

- 食器洗浄機からお皿を出す
- パンを作るときの材料をはかりで量る、材料を混ぜる
- ジャガイモやニンジンなどの野菜を洗う、ピーラーで皮をむく
- 調理の手伝いをする（サラダづくりなど）

トイレ、お風呂で

- ひとりでトイレを使う、トイレを流す、トイレのふたを閉める
- 濡れぞうきんを干す
- 大人に見てもらいながら、お尻を拭く
- 自分で頭を洗う（容器は旅行用のミニサイズのものを、こぼしても少量で済むように）

◎1歳半ごろになると、のりをつけることがおもしろくなる。大人と一緒に、小さなハケでビンに入った水のりをつけ、それをいろいろな形に切り抜いた紙に塗って、画用紙に貼るお仕事をしよう。スティックのりでも

◎幼児には色塗りやチョーク遊びもおもしろいもの。小さい子がやる場合は、必ず大人も一緒に、手や床、画板を拭く濡れぞうきんも忘れずに準備する

◎粘土や小麦粘土、強く握ると固まる室内遊び用の砂なら、子どもが作りたいように形を作れる。麺棒やクッキー型、おもちゃのナイフ、粘土ベラなど簡単な道具を使っても楽しい。わたしも子どもと一緒に小麦粘土で遊ぶのが大好き（おうちで小麦粘土を作る方法は、下記参照）

◎2歳半くらいからできる、簡単な刺繍の活動もある。裁縫箱を用意し、先の尖っていないかがり針を1本だけケースに入れたものと、端切れを数枚、10cm×10cmのボール紙に幾何学模様の穴をあけたものを準備する

●図画工作の活動のヒント

1．命令調にならないように

子どもにしてみせるのは、何を作るかではなく、その道具をどうやって使うかにとどめて、あとは子どもの自由にさせましょう。モンテッソーリスクールの教師がぬりえ帳を使わないのは、線のなかしか塗ってはいけないと子どもに思ってほしくないから。また、草は緑、空は青に塗りなさいと子どもに押しつけることもしません。自由に描くことが子どもの創造性を育てます。

プレイ・ドー（小麦粘土）の作り方

口に入れても安全な「小麦粘土」の作り方です。一般的な作り方ではキッチンがべたべたになりますが、この作り方ではお湯を使うので簡単です。材料を混ぜてお湯を注ぎ、冷めるまでかき混ぜてからこねます。さあ、プレイ・ドーで楽しく遊びましょう。

●材料（完成時240㎖）
〈プレーン〉
小麦粉　125g
クリームタータ―（膨張剤）大さじ2
塩　150g
お湯　175～250㎖
サラダ油　大さじ1
食紅、シナモンパウダー、スピルリナ粉末など自然素材の着色料

2. 感想を言う

モンテッソーリスクールでは、子どもの作品を見て教師が「よくできたね」とほめることはしません。自分が作ったものをどう思うかは、その子に任せています。大人は子どもの作品を見て思ったことを伝え、背中を押しましょう。目に映ったものをそのまま言葉にすればいいのです。たとえば「よくできたね」と言われるよりも、「この線は黄色に塗ったんだね」と言われるほうが、子どもにはずっと響きます。自分の作品を見てどの部分が気にいったのかが、ちゃんと伝わるのです。

まだ自己表現を身につけている途中の小さな子の場合には、「これは何の絵？」ではなく「この絵のこと、教えてくれる？」といった問いかけにするといいでしょう。特に何の絵というわけではなく、ただ絵筆を動かしているうちにできた作品なのかもしれません。

3. 質の良いものを使う

材料や道具は量より質にこだわるよう、わたしは勧めています。図画工作にはこれが特に大事です。安いけれど折れやすくて色が出ない色鉛筆を大量に買うよりも、高くてもいい色鉛筆を数本買う方がいいと思います。

4. 未完成の見本を

絵筆の使い方をしてみせるときは、何かの絵を描くのではなく、くねくねと

〈チョコレート〉

小麦粉　150g
ココア　50g
クリームタータ―（膨張剤）大さじ1
塩　75g
お湯　175～250㎖
サラダ油　大さじ2

●作り方

1. 中くらいのボウルに粉状の材料を全部入れ、子どもが混ぜる
2. お湯、色つけ、サラダ油を加えて大人が混ぜる。ボウルにくっつかなくなる程度まで
3. 数分待って全体が冷めたら、子どもが混ぜる。なめらかになるまで
4. 密閉容器に入れて保管する。常温で6か月くらい保存可能

した線を描いてみせましょう。誰が見ても花に見える絵を描いたりすると、まだ線しか描けない子はお花を描けるようになろうとはしなくなります。

⑤言葉

「ものの名前に対する『敏感期』がある……言葉を求める子どもに大人がちゃんと答えてやれば、その子どもが身につけた豊かで適切な言葉は一生の宝物になる」シルバーナ・Q・モンタナーロ博士『いのちのひみつ』（KTC中央出版）

大人が投げかけた言葉を子どもが夢中になって吸収する時期があります。バナナ、リンゴ、ブドウなど果物の名前を覚えたり、トラックから小型クレーンまでいろんな車の種類を覚えたり、フラミンゴやオオハシといった鳥の名前を覚えたり。その時期を楽しみましょう。大人の方が名前を知らなくて、子どもから教わることも。そんなときは、子どもと一緒に図鑑で調べてみましょう。

●言葉のバスケット（物の名前）

幼児が言葉を覚えたがったら、自分で言葉を見つけられるよう、物を集めたバスケットを作りましょう。テーマごとにバスケットを用意するといいでしょう。キッチン用品のバスケット、オーストラリアの動物のバスケット、道具のバスケット、楽器のバスケットなど。似たものが一緒になっていたほうが新し

では、どんな本を選べばいいでしょう？

本物のような絵のもの

いつも見慣れているものにそっくりなら、子どもはそれが何かすぐにわかるし、理解できます。クマが車を運転する絵より、人間が運転しているものの方がいいでしょう。

イラストが美しいもの

子どもは絵本のイラストが美しいと夢中になります。できればイラストが素晴らしいものを選びましょう。

い言葉を覚えやすいでしょう。

◉最初は、子どもが手に取って、触って調べられるよう、バスケットには本物を。たとえば、本物の果物や野菜を3つから5つ入れておいて、名前を言いながら手で触ってみよう

◉それができるようになったら、レプリカを使う。本物のゾウを教室やおうちに持ち込むわけにはいかないから。バスケットに入るくらいのレプリカなら、子どもが手で触って名前を覚えられる。目と手を一緒に使うことは、言葉を学ぶときにも大切

◉レプリカで覚えられるようになったら、もう絵でもじゅうぶん理解できるだろう。同じ物の絵を描いた2枚のカードを一組として、神経衰弱をしてみよう。物の写真を撮って、同じサイズで2枚プリントしたものでもいい。幼児は見つけたカードをもう一枚の上に重ねて隠す遊びも大好き

◉カードで神経衰弱ができるようになったら、似たものを当てる遊びをしてみよう。たとえば、ゴミ収集車のカードと、よく似ているけど大きさや色、形がちょっと違う大型車のカードを作って、どこが似ているか、違っているかをみてみる。家のなかにあるものが、絵本ではどんな絵に描かれているかを探してみてもいい。子どもはインコのおもちゃを手に取って、同じようなインコの絵が描いてある絵本を取りに本棚へ走るようになる

◉最後は、言語カード。車、庭などのテーマごとに物の写真が描かれたカードを使って、子どもは物の名前を覚える

言葉の数

小さい子には、1ページにひと言か、一文程度のものを。大きくなったら、長い文が並んでいても大丈夫でしょう。幼児はリズムのおもしろい本も好きですね。詩の本もいいですよ。

紙質も大切

最初はボードブックと呼ばれる、厚紙の本から始めましょう。本の扱い方がわかってきたら、ページが紙の本を。幼児は飛び出す絵本も大好きなので、隠れた部分を開けるときはていねいに扱うよう教えましょう。

大人が読んで楽しいもの

大人が読むのを楽しんでいることは、子どもにも伝わります。だから大人が何度も読み返したくなるような本を探してみましょう。子どもはきっと「もう1回読んで！ もう1回！」と喜んでくれるはず。

世の中にはいろいろなひとがいることがわかる本

家族関係や人種、国、信仰など、自分たちとは違う人々を描いた本をぜひ。

●本

素敵な本を、折に触れ一緒に読んであげるのもいいですね。6歳以下の子どもは、話を理解するベースになるのはまだ、身のまわりで自分が見たことのあるものだけです。だから日々の生活のなかのものごとがおはなしに出てくると喜びます。お買い物に行くおはなし、おじいちゃんおばあちゃんの家に行くおはなし、自分で着替えをするおはなし、都会のおはなしや、季節のおはなし、色のおはなし。

魔女が出てくる本を読んで、子どもが本気で怯えていても驚かないでください。**モンテッソーリでは、6歳になるまでは魔法や魔法使いが出てくるファンタジーの本（特に怖いおはなしのもの）は見せません**。現実とファンタジーの違いが区別できるようになるのは6歳を過ぎてからです。

本を運ぶときは、ガラスのコップを持つのと同じように両手を使うことを、子どもの前でしてみせましょう。ページをめくるときにはていねいにゆっくりと、そして読み終わった本は棚にそっと戻すことも。

現実ではありえないおはなしを読みたくなることもあるでしょう。そういう本を読む場合には、わたしはわざとふざけた口調でこんなふうに言うことにしています。

「クマってほんとに図書館へ行くの？　行きませーん。おもしろいね。そうだったらどうかな、っていうおはなしですね。ちょっと読んでみましょうか」

子どもとの会話

身のまわりのことを言葉にしよう

子どもはまず、身近にいる大人から言葉を覚えます。だから大人は、1日のなかで自分がしていることをできるだけ言葉にして伝えましょう。散歩のあいだも、朝の着替えでも、夕食を作りながらでも。いろいろな言葉で、目に入ったものを、ぴったりの言葉で伝えましょう。通りかかったイヌの種類、野菜や料理の名前、車の車種、木や鳥の名前を、子どもに教えましょう。

自己表現

小さな子が相手でも会話は成り立ちます。会話をすることで子どもは、言葉にすることの大切さに気づいて、言葉がどんどん増えます。だから子どもが声をかけてきたら手を止めて、目を見て、時間がかかってもゆっくり話を聞いてみてください。そして、子どもがしゃべっている途中で止めないようにしてください。大人にはこれがなかなかできないのです。

子どもがボールを投げて「バ、バ」と言ったら、聞こえたしるしにちゃんとした文章に言い換えましょう。「そうだね、庭にボールを投げたんだね」と。

子どもがもっと話したくなるような、ちょっとした質問をするのもいいですね。まだ言葉が出ない子で、何を言いたいのかわからないときは、やってみせてと言ってみては。

●静かな時間

1日のなかで、おしゃべりをしない時間を作ってみてください。音をまったくなくすのは難しいでしょうが、余計な音があると言葉は身につきにくいのです。そのうえ、大人は子どものやることに余計な口出しをしてしまいがちです。だからときには黙って、子どもがいまやっていることに夢中になっているのを、そっとしておいてみましょう。

子どもは、赤ちゃん言葉や子ども向けの話し方をしなくても、ちゃんと理解しています。日常生活のなかで、子どもはもっと大人との会話をしたがっているのです。

言葉の教具の使い方

第1段階

物の名前

幼児向けの言葉のバスケットは、物の名前を覚えることが目的。ひとつのものを目で見て、ひっくり返して、手触りを調べて、端から端までよく見る。そこでただ「キリン」と名前を言うだけでいい。首が長いとかあれこれ説明しなくていい。

第2段階

ゲームで遊ぶ

子どもが知っているものを見つけるというゲームをする。料理をしながら、大人が「泡立て器を見つけて」と言って、子どもが泡立て器を持ってくる。そうしたら「泡立て器を見つけてくれたね」と言って、それを使って一緒に材料を混ぜる。

物のカードを使ったゲームもいろいろある。

- カードを1枚ずつ並べて、同じもののカードを見つける
- 子どもに物の名前をひとつ決めてもらい、カードを1枚ずつ順番に見せながら、選んだものが出てきたところで言う
- 物の写真がある面が見えないようにカードを手に持ち、1枚ひかせる。そのカードと同じものを、残ったカードから探す

第3段階

テスト

3歳を過ぎて、教わった物の名前をだいたい覚えたとわかったら、「これは何？」と聞いてみてもいいだろう。子どもは答えが分かるのがうれしくてにっこりしながら、名前を言うだろう。3歳より下の子たちにはこの段階は行わないこと。まだ言葉がちゃんと出ないときに間違えてしまうと、自信をなくすからだ。子どもがちゃんと物の名前を覚えるまでまってから、この段階に入ろう。

目と手を一緒に

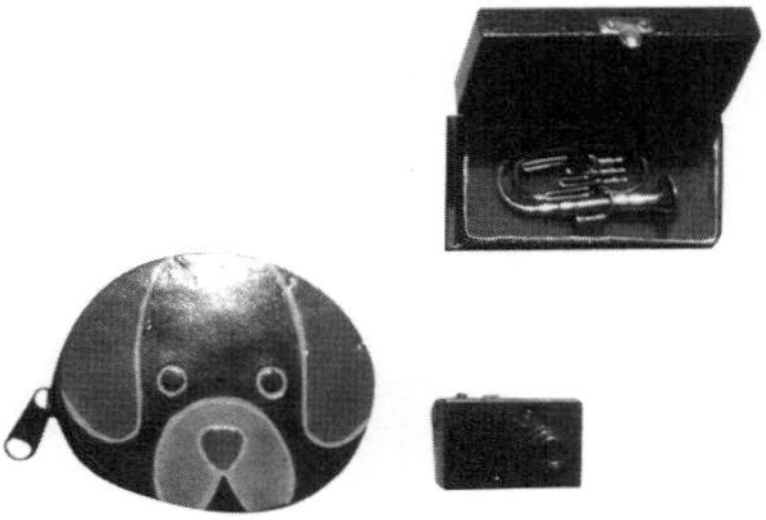

開けたり閉めたり

子どもは古い財布や、ふたのついたビン、保存容器などに入った小さな宝物を見つけるのが大好き。ファスナー、押しボタン、留め金など、開け方が違うものだと楽しめる。1歳半頃から

種類分け

形、大きさ、色で分けるのは楽しい。小さなボタンを色別に分けるお仕事なら、2歳頃から

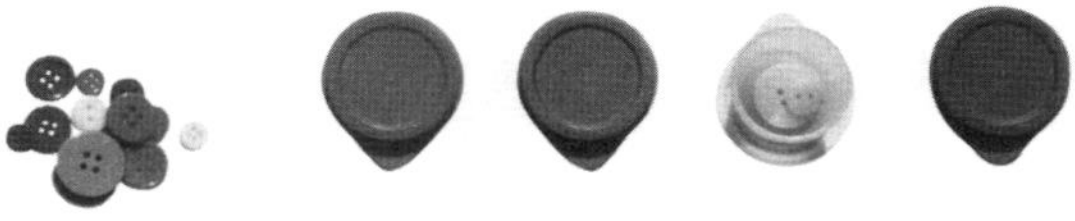

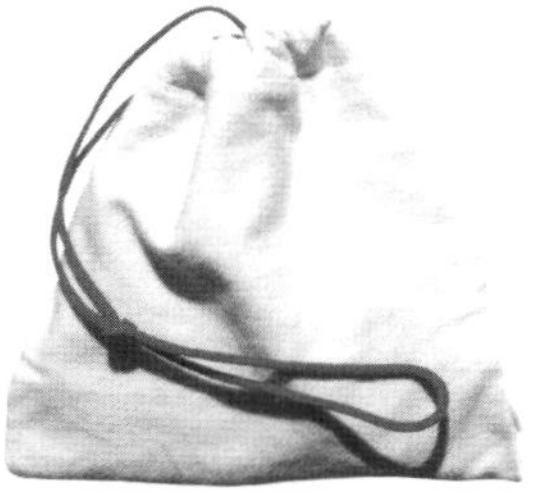

袋の中身はなんだろな

これは中に入っているものが何かを、外側から手で触って当てるお仕事。テーマを決めておくのもいいし、袋をいくつも用意して、同じものを当てるのもいい。難しいのは、家にあるもの、というヒントだけで何が入っているかわからない袋かもしれない。2歳半くらいから

ペグボードと輪ゴム

この活動で目と手の協応がどんどん進んでいく様子は、見ていて楽しい。ペグに引っ掛けて輪ゴムを伸ばす動作は、実はかなりの集中力がいる。大きい子になるといろんな形に輪ゴムをひっかけることもできる。2歳頃から

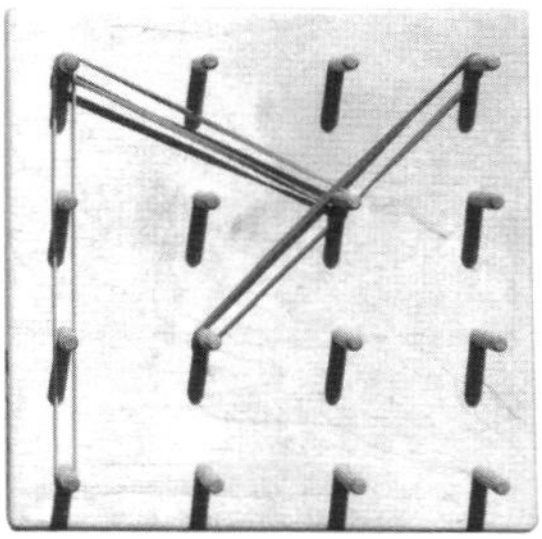

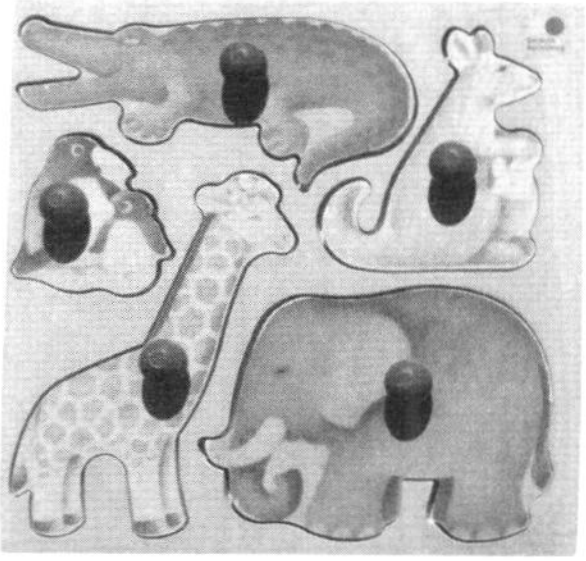

ペグパズル

幼児には5ピースぐらいのものがちょうどいい。つまみの部分は子どもに持ちやすいよう小さく。1歳半頃から

ひも通し

ひも通しは両手をうまく使えるようになるお仕事。子どものできに合わせて、ビーズの大きさや、ひもの太さでいろいろなタイプを作れる。1歳4か月くらいから

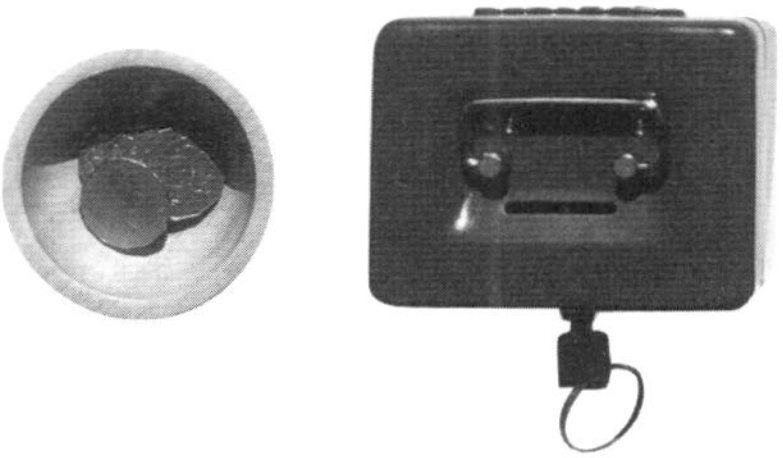

貯金箱

貯金箱を使うと、小さなコインをつまんで、投入口に落とす動作がうまくなる。わたしの教室では1歳4か月くらいの子どもが夢中になっている

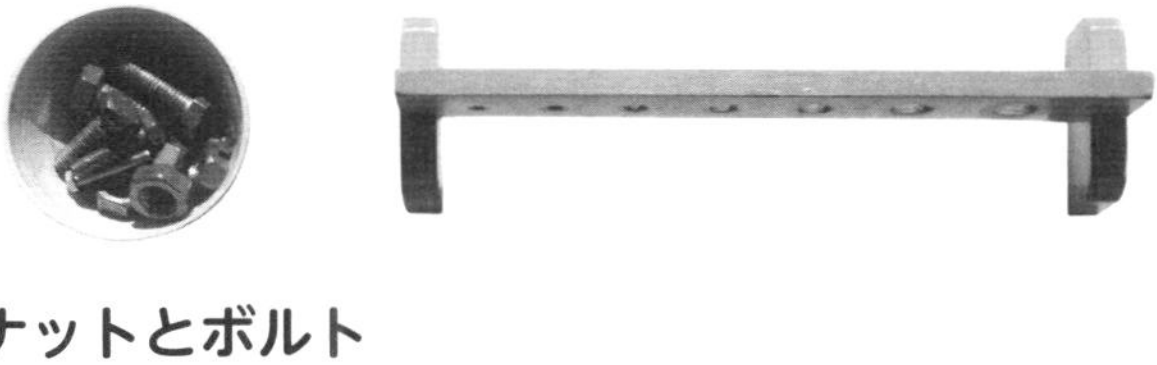

ナットとボルト

これはナットとボルトを小さいものから大きいものまで並べ、ナットをボルトに留めるもの。まずボルトをぴったりの大きさの穴にはめ込んで始める。大きい幼児が好きなお仕事。2歳頃から

音楽や動き

ランニングバイク

ある程度身長のある子なら、ペダルのないランニングバイクのほうが昔ながらの三輪車よりおもしろいかもしれない。二輪車に乗って、自分の足で進む感覚が楽しめる。慣れてくれば勢いをつけて両足を地面から離したり、体でバランスを取ることもできる。これは自転車に乗るときに役立つ。ゆっくりと自分のペースで乗るうちに、普通の自転車も補助輪なしで乗れるようになるだろう。2 歳頃から

外遊び

自然のなかで、いろいろなものを拾い集めたり、道端で見つけたもので工作をしたりするのも、子どもにとっては外遊びの楽しみのひとつ。どんどん外に出よう。そのためには、防水加工の上着をぜひ用意して！　どの年齢の幼児でも

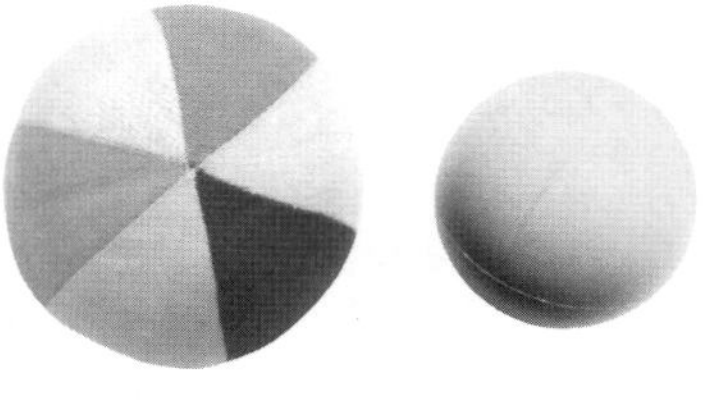

ボール

外で使えるボールが何種類かあると、子どもは蹴ったり、転がしたりしながら、筋肉をうまく使い、体を鍛えることができる。なにより楽しい。ボール遊びには広いスペースを取れる場所がいいだろう。どの年齢の幼児でも

滑り台

屋内で使える滑り台もある。高さは子どもの身長に合わせて変えてあげよう。子どもは滑り降りるのも、反対側から登るのも楽しめる。公園にある滑り台を使う場合、ひとりでも上り下りができるものが望ましい。どの年齢の幼児でも

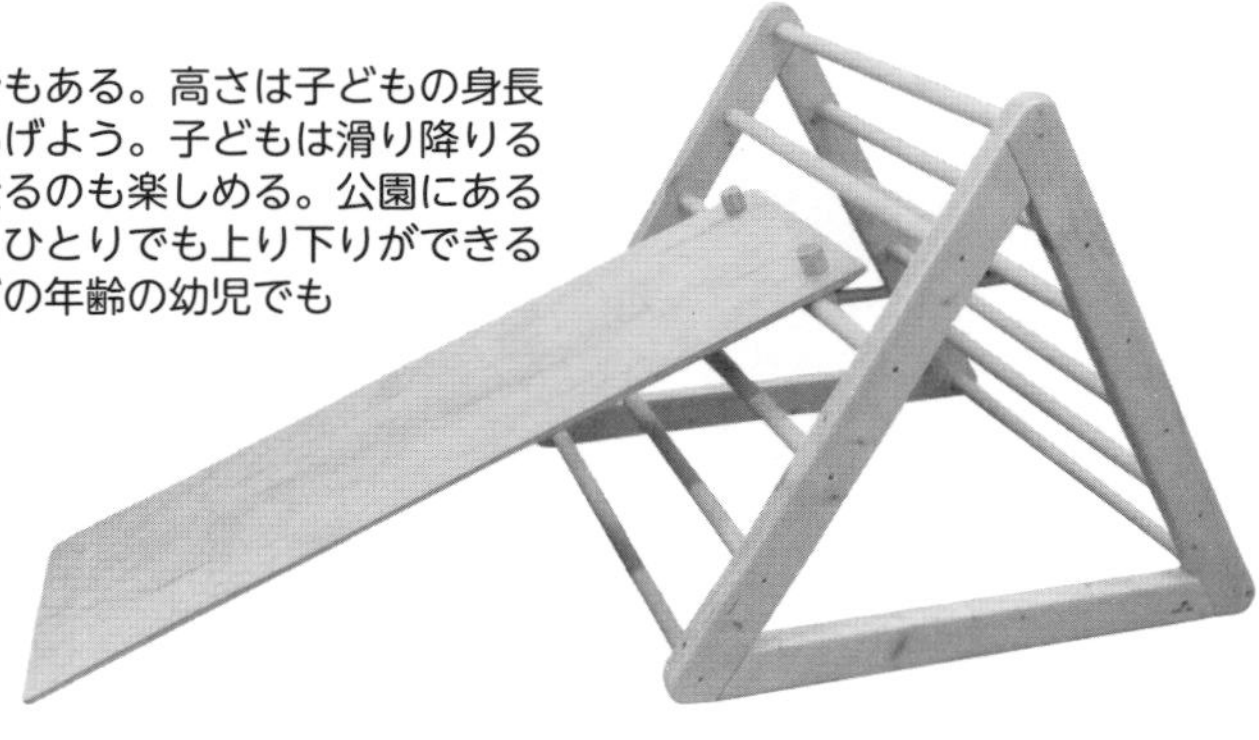

叩く

楽器を打つ、叩くといった動作はどの年代の幼児もできる。トライアングルや太鼓、トーンブロック、シロフォンなどがいいだろう。小さい幼児は、必要であれば大人と一緒に（トライアングルを打つときに持ってあげるなど)。どの年齢の幼児にも

振る

振って音を出す楽器は、音楽の入り口としてはいちばん簡単だろう。マラカスにはいろんな種類があるから、卵マラカスや昔ながらの取っ手のついたマラカスなど、たくさんそろえるのも楽しい。どの年齢の幼児にも

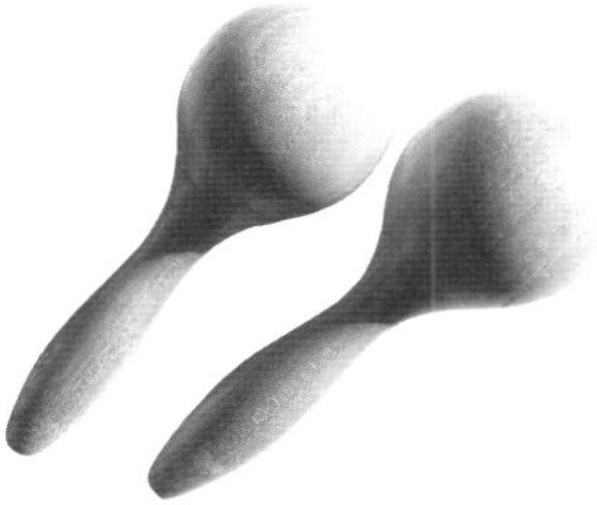

オルゴール

ハンドルを回して音楽が流れると、幼児も楽しんでいる。小さい子は最初のうち少し手を貸してあげる必要があるかもしれない。ハンドルを回すときに、大人が押さえておいてあげるといい。小さい子向けには大きめの、固いものを。大きい子には写真のような小型のオルゴールを持たせると、回すのが難しくて楽しめるだろう。どの年齢の幼児にも

吹く

幼児はハーモニカやリコーダーのような、シンプルな作りの楽器が好きだ。リズムや速さ、音の大きさ、音階などを感じることだろう。大きい子向け

家事

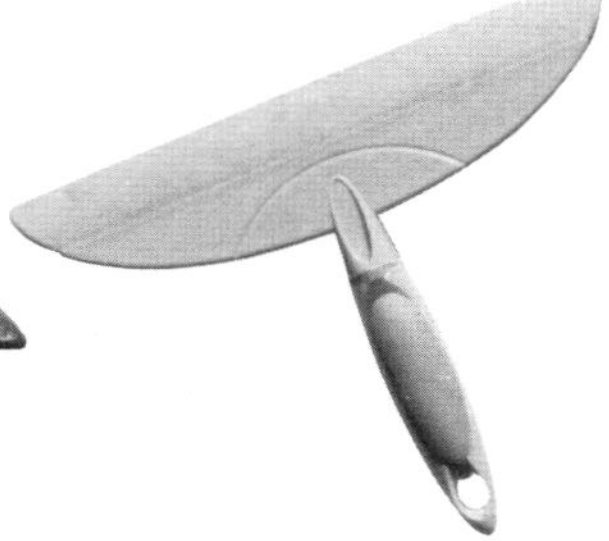

窓拭き

窓拭きをするうちに幼児はスプレーを使えるようになる。ぎゅっと握る動作を何度も繰り返すと握力がつく。窓にスプレーしたら上から下へとスクイージーをかけ、乾いたぞうきんで拭く。水か、水に少しお酢を混ぜたものを使うと窓がぴかぴかになる。1 歳半頃から

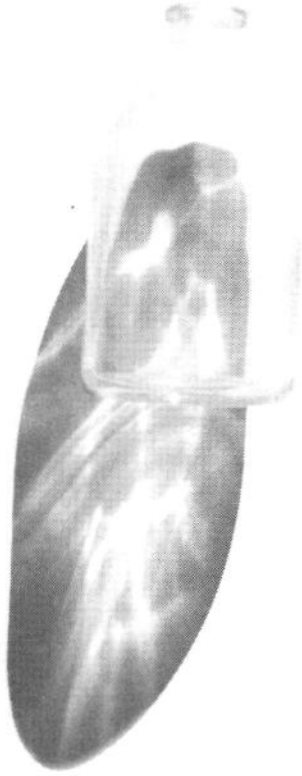

花を活ける

花を飾るにはいくつかのステップがあり、幼児は手先の器用さや、物を運ぶ、水を注ぐといったものを、家を美しく飾りながら学んでいくことができる。最初に、幼児は水道から小さめの水差しに水を入れ、それをこぼれても受けられるようトレイに載せる。小さいじょうろを使って、花びんに水を注ぐ。花びんに花を挿し､それを花びん用の敷物の上に置く（これも集中力を高めるために良い）。水が飛び散ったところは、スポンジで拭こう。1 歳半頃から

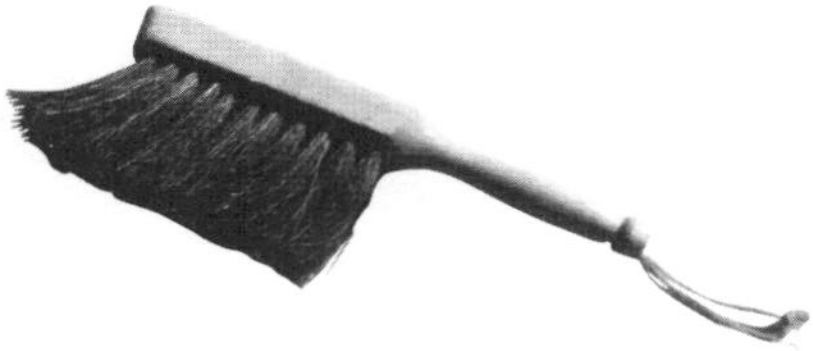

掃除

小さめの掃除用具をいつでも使えるよう準備しておこう。ほうきやモップ、チリトリ、ブラシ、手袋型のぞうきん、スポンジなどがいいだろう。子ども用の掃除用具があれば、子どもは家をきれいにすることを覚える。子どもは床を掃いたり、モップをかけたり、ゴミを取ったりするのが大好きだ。チリトリとブラシを使うと細かいゴミまで集められるし、両手を同時に使ういい練習にもなる。1 歳頃から

自分のことは自分で

大人がちょっと準備をしてあげれば、子どもが自分のことは自分でできるようになるチャンスはたくさんあるし、ひとつできればもっとやりたいとなってくるもの。髪をとかすとか、鼻をかむとか、手を洗うとかができるようになりたいと子どもは思っている。1歳3か月くらいから

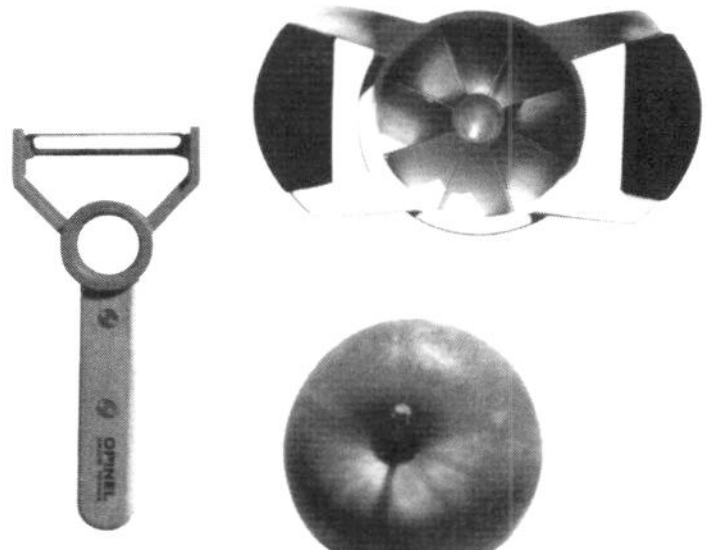

食べ物の準備をする

幼児でも自分のおやつを自分で作ったり、料理のお手伝いをしたがる。子どもの小さな手でもうまくできるような道具を見つけよう。最初のうちは多少の補助は必要だろう。たとえば、リンゴの皮をむくときはまず大人がむくところを見せ、それから大人がリンゴを持って、皮を全部むき、むいた皮をボウルに入れ、終わってからコンポストに入れるのは子どものお仕事だ。リンゴの皮むきは3歳ぐらいから

テーブルセッティング

子どもが自分のお椀やお皿、カトラリー、コップを出せるように、低い棚にしまっておこう。ランチョンマットにはお皿やカトラリーを置く位置に印をつけたものを

パンを焼く

幼児でも材料を量ったり、木べらで粉を混ぜたり、生地をこねたり、抜型を使ったり、できたパンにデコレーションをしたりすることができる。それにもちろん、焼きあがったら味見も。1歳頃から

図画工作

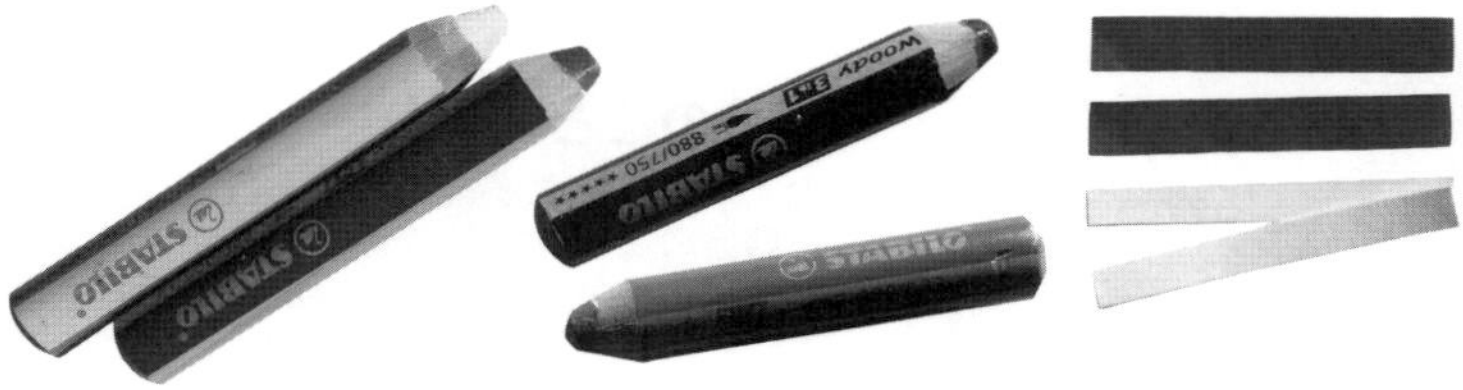

くねくね書き

子どもには芯のやわらかい、太い鉛筆や、蜜蝋のクレヨンがいい。紙はいろいろな大きさのものや、色のついた紙、違った素材の紙など、日によって変えてみるのもおもしろい。先にも述べたが、幼児は何かの絵を上手に描くよりも、まず道具の使い方を覚えること。1 歳頃から

チョークと黒板消し

子どもの手に持ちやすい太いチョークを用意し、描く面の大きい黒板か、舗道に描かせてあげよう。描けるところが大きいと、子どもは腕をいっぱいに使ってチョークで描いたり、黒板消しで消したりできる。1 歳から

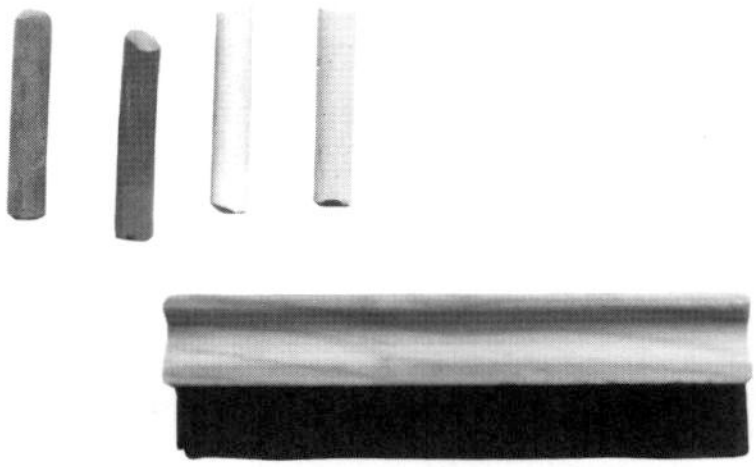

のりをつける

ハケとビンに入れた水のりで、紙の上に小さい形を貼っていく。難しい場合はスティックのりでも。貼り付ける形の裏側にのりをつけ、それをひっくり返して紙の上に貼る。1 歳半から

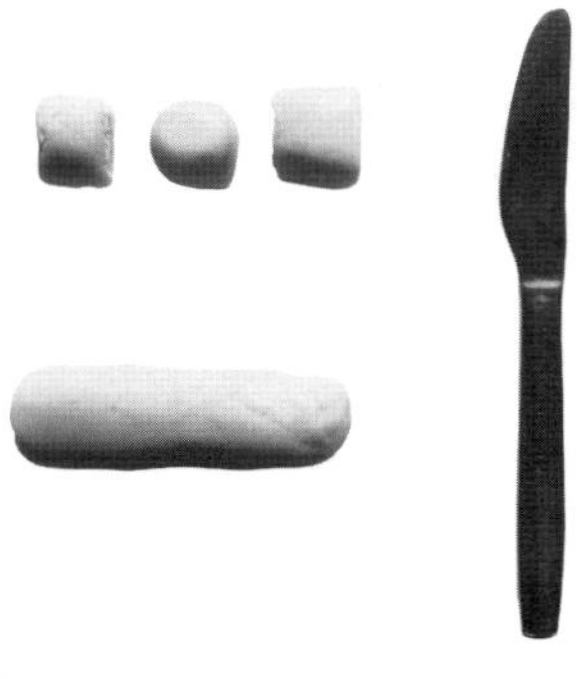

粘土／小麦粘土／砂遊び

手や簡単な道具を使って粘土遊びをすると、子どもの手の力がつき、想像力が豊かになる。粘土は平らにして巻いていき、丸太のようにして端から小さく切って、ボールのように丸めたり、何かの形をつくったりできる。日によって、それを粘土ではなく小麦粘土にしたり、砂遊び用の砂を使ったりすると、また違った体験ができる。1 歳 4 か月頃から

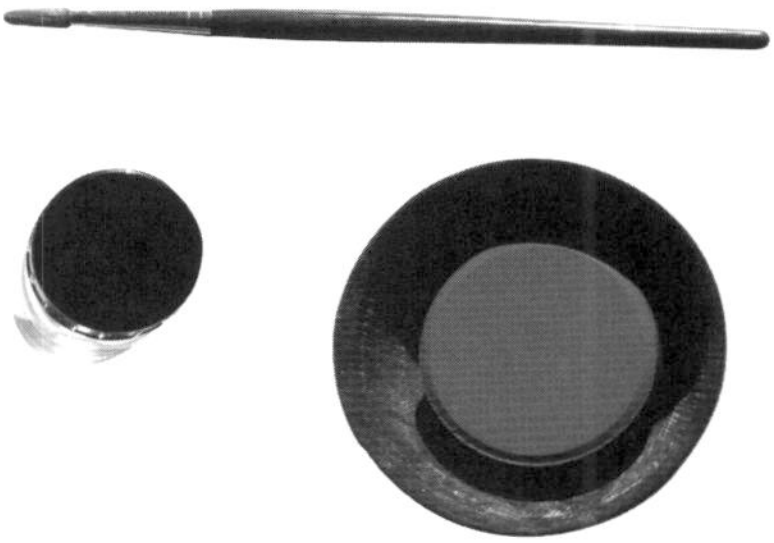

水彩画

筆を使って絵を描きたがる幼児には水彩画がぴったり。最初は１色から始めよう。水彩用絵の具をパレットに１色だけ出す。たくさん絵の具がセットされたパレットを使うなら、できれば１色だけを切り離して使う。子どもは絵筆を水で濡らし、絵の具を絵筆につけて、紙の上に形を描く練習ができる。幼児はまだ、絵に見えるようなものを描く必要はない。まずは道具の使い方を覚え、紙の上に思いきり筆を動かして描くことを覚えよう。１歳半頃から

縫う

最初はソーイングカードという刺繍用の紙を、糸は二本取りにしてかがり針で縫い、最後を玉止めする。大人が、紙に開いた穴に針を刺し、反対側に引き出して、紙をひっくり返して針を抜くところをしてみせよう。針を次の穴へ進め、また紙をひっくり返す、という作業を何度も繰り返し、縫い目を作る。すべての穴を縫えたら、ハサミで糸を切り、針をしまって、糸を結んで玉止めする。２歳から

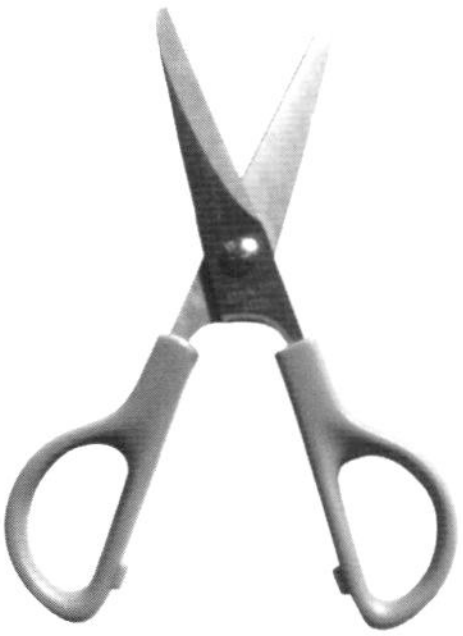

ハサミ

まず、テーブルに着いた状態で、ハサミの危なくない持ち方を学ぼう。最初は、ハサミを両手で持って、開いたり閉じたりしてみる。そして紙を細いひも状に切る練習から始めよう。切りとるうちにひもになった部分は大人が持っていよう。切ったものは集めてボウルに入れ、最後に小さな封筒に入れて、のりで閉じておこう。何度も繰り返すうちに手の力が強くなり、ハサミを片手で持てるようになったら、切れ端をもう片方の手で持つようにしよう。２歳頃から

言葉

本物

子どもがいちばん言葉を覚えるのは、日常生活にあるものの名前だ。食卓に並ぶ果物の名前や、家に飾ってあったり、店先に並んでいる花の名前、公園で見た木や鳥の名前、そして家のなかにあるものの名前。ここに挙げたように、たとえば本物のグリーンピースと、写真のグリーンピースを用意すると、子どもは本物と、写真に映っているものが同じだと理解することができるようになる。本物を使うのは 1 歳から。カードを使うのは 1 歳 2 か月から

物とカード（実物と、その仲間）

あるものに関連する絵や写真を使って、よく似たもののカードを作る。いくつかのカードのなかから、物とまったく同じものが映った写真のカードを見つけられるようになったら、次はそれとまったく同じではないけれど、似たものを見つけるという遊びもできる。たとえば、ダンプカーのミニカーをお手本にして、カードのなかからダンプカーを見つける（ただし写真には少し形が違ったり、色や大きさが違うものが映っている）。これでダンプカーとはどういうものかと理解することができる。カードを使うのは 1 歳 2 か月から

レプリカ

新しい言葉を覚えるには、調理道具、アフリカの動物、楽器などテーマごとに本物そっくりのレプリカを使うといい。子どもはその物の名前を聞きながら、手で持って触ることができる。形のあるものについて学ぶときにはこの方法が良い。どの年齢の幼児にも

カード

年齢が上がるとともに、テーマに沿った写真や絵を描いたカードを使って単語を増やせるようになる。この方法なら、レプリカや、実際に手に入るものでなくてもできる。ここに挙げたカードは、「ヴィンセント・ヴァン・ゴッホ」の絵がテーマ。1歳半頃から

本

大人も子どもも好きな本があると、一緒に読むのも楽しい。季節のこと、日常生活のこと、動物や色、形、車、自然など、子どもの好きなテーマの本を探してみよう。大きくなった子には、新しい発見ができそうな本や、数を数えられる本もよい。どの年齢の幼児にも

外遊び、自然と触れる遊びについて補足

モンテッソーリでの外遊びや自然に触れる活動を紹介しよう。

1 季節の活動

季節ごとに、カゴを持って近くの公園や森にいろいろなものを拾いに行こう。

2 野菜を育てる

庭がなくても、自家製野菜を育てることはできる。また、コンポストを設置して、生ごみをたい肥にしたり、虫に食べさせたりすると、子どもに食物連鎖や、土の栄養になることを教えることができる。

3 体を動かす機会を作る

木登りや塀の上にのってバランスをとる、切り株や丸太のうえでジャンプする、木の枝からぶら下がる、タイヤにぶら下がる、ボールを蹴る、なわとびを跳ぶ、追いかけっこをする、とにかく速く走る、とにかくゆっくり歩く。

4 大人も一緒に、外の世界の美しさを見つける

忙しく動いている虫を観察する、葉っぱを転がるしずくを見る。虫眼鏡を持ってあちこち見て回ったり、見つけたものを手で触れたり、木や草のそよぐ音を聞いたり、雨や花のにおいをかいだりしてみよう。

5 静かな時間

座って雲が流れるのを眺める、黙って座って、ただ呼吸ができる場所を見つける。

6 宝探し

写真で作ったリストをもとに、子どもと一緒にそこに映っているものを探す。宝を隠す場所は庭でもいいし、公園や森など、外遊びしている場所でもいい。

7 屋外でアート作品を作る

泥や水、落ち葉、花、土、種、草など、いろんな自然の恵みを使う。順番に並べてみたり、形を作ってみたり、人の顔や動物の形にしてみる。

8 音の鳴る壁を作る

庭の壁に古い植木鉢やフライパン、鐘など音が出るものをぶら下げておく。棒で叩いて音を鳴らそう

9 びしょ濡れでも探検

天気が悪くて遊べない、なんてことはない。雨でも濡れないような防水の服と靴（子どもだけでなく、大人用も）をそろえておけば、水たまりで足を踏み鳴らしたり、雪だるまを作ったりできるし、帽子と日焼け止めがあれば海岸だってへっちゃらだ。毎日、外に出よう。

おまけ 水でいろいろやる

窓に水をかける、バケツに水をいっぱいにする、ハケを使ってレンガにペンキを塗る、スプリンクラーを飛び越える、砂と水を使って川を作ってみる、子どもの遊び場にあるポンプを使ってみる。

第4章

おうちのなかの準備

おうちのなかの準備をするときの8か条

モンテッソーリで子育てできる場所を作りましょう

初めてモンテッソーリの幼稚園を訪れた人は、子どもに必要なものがきちんと用意され、きれいに整頓されていることに気がつくでしょう。

家のなかも教室と同じように、必要なものをきちんと準備しましょう。とはいっても、すみずみまで完璧に整理整頓しなければいけないわけではありません。子どもが使いやすいようにするということです。

何もかも全部子ども用にしなくても大丈夫。子どもと大人が一緒に暮らしているのですから、それぞれに使いやすい大きさのものがあればいいのです。部屋ごとに子どもが楽しめる、使いやすいものを用意しましょう。

❶ 子どもサイズで

子どもがひとりで使えるサイズの家具を用意する。机や椅子は、子どもが座ったときに床にぴったり足がつく高さのものを。高さが合わない場合は、机や椅子の脚を切る。

❷ 美しいものを

子どもが楽しめる目の高さに、絵や観葉植物を飾る。

❸ ひとりでできるように

教具や道具はトレイやカゴにまとめて、子どもがやりたいと思ったらすぐに、自分で取り出せるようにしよう。ひとりでできるよう、その子に合ったやり方を工夫して。

❹ 楽しそうな教具を

年齢に応じたお仕事の教具を、棚に並べておく。おもちゃ箱にごちゃまぜに入っているよりも、きれいに並んでいるほうが子どもの目を引く。

❺ 少ない方がおもしろい

棚に並べる教具は２つか３つにすると、子どもは集中できる。いまできるようになりたいものだけの方が、あれもこれもと手を出さずに済む。

❻ 棚にはすべての教具がおさまるように、教具は必ず元の位置に戻すように

幼児は秩序にこだわるもの。どの教具をどこに戻すかが決まっていれば、何がどこにあるか覚えられる。もちろん、どこに片づければいいかもわかる。

❼ 子どもの目の高さで

大人が部屋の準備をするときには必ず座って、子どもの目の高さではどう見えるかを確認しよう。ぶら下がった電気コードや、棚の下に何かあると、子どもは気が散ってしまう。

❽ しまう、入れ替える

使わない教具をしまうための収納は子どもから見えない位置に作り、別のものと入れ替えるときはそこから出すようにする。天井までの高さがある棚の上の段に壁と同じ色合いの扉をつけたり、屋根裏部屋を収納スペースにするといいだろう。ソファの後ろを片づけ用の場所に決めて、箱を置いても。

部屋ごとのポイント

では、おうちのそれぞれの部屋を子どもが使えるよう準備するときのポイントを見ていきましょう。

これはあくまで一例です。必ずこうしなくてはいけないということではないので、それぞれのご家庭に合わせてください。スペースや明るさなどどうしても変えられない部分は工夫してみましょう。

●玄関

◉身長に合った高さにフックをつけ、子どもが自分でリュックやカバン、上着、帽子、レインコートをかけられるようにする

◉靴を入れる靴箱かカゴを置く

◉手袋、スカーフ、ウールの帽子、サングラスなどその季節しか使わないものを入れるカゴを用意する

◉小さなテーブルか玄関用シェルフに鏡を置き、ティッシュや髪留め、日焼け止めなどを用意する

◉子どもが靴を脱いだり履いたりしやすいよう、小さな椅子かベンチを用意する

●リビング

カゴ

子どもが2人以上いる場合は、子ども1人につき1つずつ、カゴが必要です。

◉教具を入れておくために、２段か３段の低めの棚を用意する。子どもが２人以上いる場合は、下の子用に低い棚を、上の子用には下の子には手の届かない高さの棚か、下の子には開けられないような留め具がついた箱を使うといい。わたしが教える幼児クラスではタテ30㎝、ヨコ１２０㎝、高さ40㎝の棚を使っている

◉小さな机と椅子のセットを、できれば窓のそばに。子どもが座ったときに足が床につく高さになるよう、必要ならば机と椅子の脚を切る。椅子の座面が床から20㎝くらい、机の高さは35㎝くらいが幼児にはちょうどいいだろう

◉簡単に丸められる、70㎝×50㎝くらいのフロアマットを用意する。普段は丸めてカゴにしまっておき、お仕事をするときにはそれを広げて、教具を使うスペースにする

●キッチン

◉低いシェルフや食器棚、ワゴンなどに子ども用サイズの皿、スプーン、フォーク、コップ、ランチョンマットをしまっておく。コップは割れにくいものではなくガラス製を。子どもは壊れやすいものはていねいに持つことを覚える。大人は「コップを落とさないように！」ではなく、「ガラスは割れやすいので両手で持って」と伝えよう

◉子どもの手がキッチンカウンターに届くよう、踏み台を用意しよう。それが難しい場合は、食材の下ごしらえはダイニングテーブルや低いテーブルに道

こちらも参考に
部屋の準備の実例をP.18〜22で紹介しています。

具を持っていってする方法も

◉子どもサイズの掃除用具を用意する。ほうき、モップ、小さなチリトリ、ブラシ、手袋型のふきん（子どもの手が中に入り楽に拭けるもの）、子どもが持ちやすい大きさにカットしたスポンジ、ぞうきん、子ども用エプロンなど

◉子どもが食材を切るときには、バナナなどやわらかいものを切るならバターナイフを、皮のある果物や野菜には皮むき器などを使う。5、6歳頃、いろいろできるようになってきたら大人と一緒に包丁を使わせてみてもいい

◉自分で飲み物を用意できるような工夫を。子どもの身長でも使えるウォーターサーバーを置いたり、トレイに子どもが注げる大きさのジャグを出しておけば、自分で水を注いで飲むことができる。こぼしたときに拭くためのスポンジやふきんも一緒に

◉子どもでも開けられる容器に、その日食べてもいいお菓子を入れておこう。食事の直前に食べても大丈夫な軽いものを、1日分だけ。もし午前中に食べきってしまっても、それ以上おやつは追加しない

◉パンを作るときに分量を量るための大さじ・小さじ、はかりなどを用意する

◉窓拭き用の水スプレーやスクイージーもあるとよいだろう

◉室内に観葉植物を置いているなら、水差しを

●食事スペース

◉おやつは子ども用の低いテーブルと椅子のセットに座って食べ、食べ物は

子どもサイズの調理用具を用意しましょう

押すだけでリンゴが切れるアップルカッター、リンゴの芯取り器、ひとりでオレンジジュースを作れるような、レバーを押すタイプのジューサーや果汁しぼり器、電動のジューサー、クラッカーにジャムを塗るときに子どもでも使えるサイズのバターナイフ（必ずケースにしまう）など。

安全のための注意

よく切れる包丁は必ず子どもの手の届かないところに保管しましょう。子どもに使い方を教えるのは、ちゃんと使えるようになったと判断してから。使うときは必ず、大人と一緒に。

テーブルの上に置く。うろうろ歩きながら食べないようにする

◉食事は、家族そろって同じテーブルを囲みたいもの。子どもがひとりでのぼって座れるタイプの子ども用椅子を用意する

◉食事のときは、水か牛乳を少なめに入れた子ども用ジャグをテーブルに出しておけば、自分で注いで飲める。こぼしても大人が片づける余裕があるなら、ジャグにたっぷり入れてもいい

◉こぼしてもすぐ自分で拭けるように、手袋型のふきんかスポンジを用意する

◉テーブルに食事の準備をするときには、キッチンからテーブルまで必要なものを運ぶ小さめのカゴがあると便利。子どもがひとりで準備をするなら、テーブルに手が届くように踏み台なども

◉子ども用のランチョンマットには、皿、スプーンやフォーク、コップを置く場所の印をつけておく。または、子どものお皿セットを並べた状態で写真を撮っておき、はがきサイズにプリントしてラミネート加工したものを食事準備のセットに入れておくと、子どもはそれを見て準備することができる

◉何でもない日でも、外で摘んできた花をテーブルに添えると、食事に特別感が出る

●寝室

◉敷布団や子ども用ベッドなど、子どもがひとりで出入りできる寝具を用意する

◉スペースに余裕があるなら、小さい棚を置いて静かにできるような教具をいくつか入れておくと、子どもが先に起きてしまったときにひとりで遊べる

◉本を入れておくカゴか棚があるといい

◉着替えるときに子どもが自分の全身を見られるような大きい鏡を置く

◉棚や引き出し、ハンガーをかけるところがついた小型のワードローブで、子どもの手が届くくらいのものを用意する。スペースがない場合は、気候に合った普段着だけをカゴに入れておく。季節が違うものは子どもの目に入らないところにしまえば、夏なのにどうしてもふわふわのコートを着ると駄々をこねることもなくなる

◉部屋が子どもにとって安全かどうかを常に確認する。コンセントカバーをつける、不要な電気コードは片づける、カーテンのひもが首に絡まることのないよう、子どもの手が届かない長さにしておく、窓にチャイルドロックをつける、などよくチェックしておく

●**お風呂**

◎浴槽にひとりで入れるよう、踏み台を用意する

◎ひとりで手を洗えるよう、せっけんかハンドソープを用意しておく

◎子どもの手が届く場所に、歯ブラシ、歯みがき粉、ヘアブラシを置く

◎子どもが見える高さに鏡をつけるか、自分で取れる場所に手鏡を置く

◎脱いだ物を入れるカゴを用意する

◎自分で取れる高さにタオル掛けかタオル用の棚を置く

◎子どもがひとりで使えるよう、旅行用のミニボトルに入ったボディーソープやシャンプー、コンディショナーを。使った分は、毎日大人が足しておく

●**図画工作を楽しむスペース**

◎自分で画材を手に取れるよう、小さな引き出しに、鉛筆、画用紙、のり、スタンプ、貼り絵の材料などを入れておく

◎大きくなってきたら、そこにハサミやセロハンテープ、ホチキスなどを加える

◎道具の数は少なめに、ただし質の良いものを

◎小さい子には、道具はお仕事別にすべてトレイにのせておく。お絵描きのトレイと、のりを貼るお仕事のトレイは別にする

◎3歳ごろになると、必要なものを自分で取ってこられるようになる。空のトレイを持たせて、棚から使うものを集めてくるようにしてもいい

描き終えた絵は

子どもは作る過程を楽しんでいるので、でき上がったものにはさほど興味を示しません。子どもが作ったものは事務用の書類ケースなどに入れて、そこがいっぱいになったら気に入ったものだけスクラップブックにまとめるといいでしょう。かさばるものは写真に撮って残しても。絵はプレゼントを包むときに使ってもいいですね。

◉後片づけがしやすいスペースづくりをしよう。作ったものを乾かす場所、片面をもう一度使える裏紙を入れる場所、リサイクルできるものを入れる場所を作ると便利

●ゆったり本を読める場所を作る

◉表紙を見せるように並べるタイプの本棚や棚があると、文字を読めない子どもでも絵を見て自分で読みたい本を選ぶことができる。本を入れる専用のカゴを作っても

◉並べておく本は2、3冊にし、ときどき入れ替える

◉やわらかいクッションや低い椅子、手触りのいいフロアマットなどを用意する

◉窓のそばに読書スペースを作ると、目に優しい太陽光で読むことができる

◉使わなくなった洋服ダンスのドアを外したものや、子ども用テントなど、ひとりでこもって本を読める場所を作る

●外遊び

◉体を動かせる時間を作る。走る、ジャンプする、スキップする、飛び跳ねる、うんていをする、滑り降りる、踊る、ロープや古タイヤにぶら下がって揺れる、ブランコをするなど、たっぷり遊ぼう

◉庭仕事もお勧め。小さいシャベルや移植ごて、熊手、手押し車を用意しよう

- 小さな菜園を子どもに任せてもいい。庭の一角やベランダのプランター、室内の植木鉢で、自分で世話をすると、野菜がどんなふうにできるのか、食べられるようになるまでどれくらい時間がかかるかがわかり、食べ物を大切にするようになる
- 静かに座ったり、寝ころんだりして、雲を眺める場所を作ろう
- 水を入れたバケツと絵筆で、レンガやコンクリートのうえに水で絵を描いてみよう。窓や庭のテーブルに水のスプレーをかけて洗ったり、ポンプで水をくみ上げる体験もいい
- 砂遊びをしよう
- ドアの近くに外遊び用の靴を置く場所を作ろう。あるいは、外遊びのあとは靴の泥をブラシで落としてから家に入るようにしよう
- 外で拾ってきた葉っぱや石などを入れるカゴかビンを用意しよう

庭がないときは

自宅に子どもが遊べるような庭がない場合は、近くの公園や森、海岸、湖、山を探してみましょう。

モンテッソーリを取り入れるために、まず家のなかで用意するもの

おうちでモンテッソーリを取り入れる際に用意しやすい、
低予算で準備できるものを紹介しましょう。

① 子ども用の
小さいテーブルと椅子のセット

② 低い棚

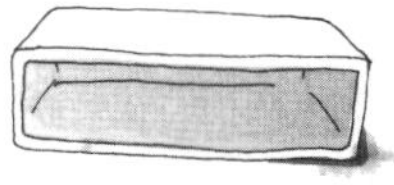

③ 本棚

④ 低いベッドか布団
子どもがひとりで出入りできるもの

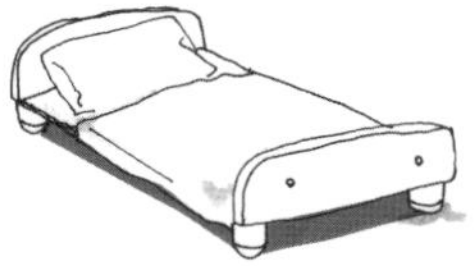

⑤ 低いスツール
キッチンやトイレなどで使う

⑥ 低い場所に、
掃除用具をかけるためのフック

⑦ キッチンで使える 踏み台

⑧ 玄関でコートやバッグをかける
ために、低い位置につけるフック

注意してほしいこと

要らないものは処分しましょう

ここまで読んで、「そんなにきちんとできないよ。うちは物が多いから」と思った方もいるかもしれません。

まず、いつの間にか増えてしまったおもちゃやお絵描き道具から減らしてみませんか。子どもがほとんど使っていないおもちゃのなかから、難しくてできないと投げ出したものをひとつの箱にまとめます。これは箱ごといったんしまっておいて、もう少し大きくなったときに入れ替えます。次にもうひとつ箱を用意して、今度はもう簡単にできてしまうものや飽きて遊ばなくなったものをまとめます。こちらはもっと小さい子にあげるか、下の子のために取っておきましょう。

部屋に置くのは、子どもがよく使うおもちゃを2つか3つだけにしましょう。いま、よく使っているおもちゃはどれか、どのおもちゃはもう飽きたか、よく観察しましょう。

おもちゃを入れ替えたり、使わないものを人にあげたりする大人の姿を見れば、子どもにもリサイクルやチャリティの精神が芽生えます。自分が使わなくなったら誰かにあげるのだとわかると、おもちゃを大切に扱うようになります。

処分するときに

小さな子はもう必要ないものでも手放したがらないことがあります。おもちゃは誰かにあげたり、寄付したりするものだと何度も話してみましょう。そして、このおもちゃで遊ぶのはこれで最後と言って、遊び終わったら自分で箱に入れるよう促します。ちゃんと納得できていれば、箱をしまうお手伝いをしてくれるかもしれません。すぐに人にあげるのでない場合は、子どもがそのおもちゃを出してしまわないよう、箱ごと目につかないところにしまいましょう。

お勧めの本

家のなかのものを少なくすることに興味がある人には、近藤麻理恵著『人生がときめく片づけの魔法』（河出書房新社）という本がお勧めです。ときめくもの、本当に使えるものだけを残す方法がよくわかります。子どもの遊びや着替えにもこの方法を使いましょう。処分するときは、必ず「ありがとう」と言うことを忘れずに。

おうちのなかを、大人が動かなくていい場所に

小さな子どもを育てているとやらなくてはいけないことは山のようにあって、大人は疲れてしまいます。子どもが使いやすいおうちにすることは、大人が楽に暮らせるおうちにすることでもあるのです。

子どもがひとりでなんでもできるような家づくりをしましょう。子どもが使う物は子どもの手が届く高さに置けば、いちいち大人が取らなくてすみます。逆に子どもが使ってはいけないものは、手が届かない位置に置きましょう。子どもの成長に合わせて置き場所を変えるといいですね。

忘れないでほしいのは、おうちを小さな子が自由に歩き回れる安全なところ、つまり「何でもしてもいいよ」と言える場所にすることです。では「しちゃダメ」と言わなければいけない場所はどうすればいいでしょうか。もし、危険なものだらけの場所で子どもが走り回っていたら、大人は危ないものをなくし、場所を整えるでしょう。だから、コンセントには指を突っこまないようカバーをし、子どもに入ってほしくない場所は大きな家具を動かして入れないようにしたり、食器棚の扉にはチャイルドロックをつけるなど工夫しましょう。

まずひと部屋だけ「ここはいいよ」の部屋を用意して、子どもが自由に遊べるようにしましょう。ドアにチャイルドゲートをつけるのが手軽です（ベビーサークルでは子どもが思いきり体を動かすことはできません）。

子どもがひとりでできるように

長年モンテッソーリスクールの教師として活躍しているスーザン・スティーブンソンも、この方法を使っています。スーザンは教室で子どもにティッシュを取ってと言われたら、その子が次にティッシュを使うときには自分で取れるようにしておくそうです。子どもにティッシュを取ってと言われたら、ティッシュの箱は子どもの手が届く場所に置いてみましょう。もし子どもが中身を全部出してしまったら、きれいな部分をていねいに集めて小さなカゴに入れておき、そこから使うようにすればいいのです。

きょうだいで同じ部屋を使う場合

子どもが2人以上いる家庭では、ほかにも考えなくてはいけない点があります。

○年齢に応じた用意をする

年齢に関係なく、下の子には低い棚を、上の子には高い棚を用意してそれぞれの教具を入れる。上の子が使う細かい部品が多い教具は高い棚へ。また細かいものは、下の子が簡単には開けられないような容器に入れる

それぞれがひとりになれる場所を作っておく。椅子に毛布を掛けるなど、単純に視線をさえぎる程度でじゅうぶん。そこに「入らないで」というプラカードをつけられるようにしておき、プラカードが出ていたら相手に構わないように約束する。「入らないでって書いてあるから、いまはひとりになりたいんだね。それなら別な遊びをしよう」といった声掛けを。上の子がやっているお仕事に下の子が手を出そうとするなら、簡単な手順に変えてきょうだい一緒にできるようにしても

○おもちゃは共同で

おもちゃや遊びをきょうだい一緒にできるやり方を考える（詳しくは第7章で）

○きょうだいでひとつの部屋を使う場合

それぞれの子どものスペースを作る。ベッドのそばの棚にはその子が使うも

のや写真、宝物を置く場所に

○間仕切りのカーテンをつけるなど、必要ならひとりになれるようにする

○部屋の電気は何時に消すかなど、部屋の決まりをはっきり決めておく

家が狭い場合

実は狭いおうちでもちゃんと子どものための用意はできますし、むしろ狭い方がムダなことをしなくていいかもしれません。どんどん工夫しましょう。散らかりがちな家のなかを整えてスペースを最大限に活かせば、狭いからこそのアイデアが生まれることもあります。こんな例を参考にしましょう。

○二段ベッドや、下が大きく開いたタイプのベッドを使う、あるいは布団で寝るようにし、日中はたたんでしまっておく

○ひとつで何通りもの方法で使える家具に買い替えるか、家具をいくつか処分して子どもが遊ぶスペースを作る

○骨組みが細く圧迫感のない家具を選ぶ、部屋はできるだけ薄い色合いでまとめて広く見せる

○飾るものは少なめに、ごちゃごちゃした感じを出さない

○壁をうまく使う。フックを使って子どもが作ったものを飾るなど。あるいは、ベッドの下などあまり使わない場所は収納にする。棚の天井に近い段は収納に使い、壁と同じ色に塗るなどして目立たなくしてしまう

おうちを整えるといいことがたくさんあります

◆子どもが家事に参加しやすくなる

◆子どもがひとりでやろうとするようになる

◆家族みんなにとって、落ち着いて、のんびりと過ごせる、何かを生み出せる場所になる

◆ごちゃごちゃしたものが減り、お仕事や活動もよく考えて選んだものだけにすると、子どもはより集中できるようになる

◆子どもがひとつのことに夢中になれる、きれい好きになる

◆自分の使ったものは自分で片づけるなど、お手本になる姿を大人が見せる

おうちを整えると、子どもとの日々の暮らしが穏やかになるでしょう。今日から始められることもありますね。おうちのなかを少しずつ変えながら、もっとおもしろく、もっと子どもが使いやすいようにしていきましょう。

第5章

知りたがりの子どもを育てましょう

第1部

子どもの知りたがりを伸ばしましょう

知りたがりを伸ばす5つのカギ

① 子どもを信じる

モンテッソーリ博士は、**子ども自身が学びたがり、成長したがっていると大人が信じることが大切**だと言っています。子どもは、自分はどう成長すればいいか、そのために何をしなくてはいけないかが本能的にわかっています。だから、大人は子どもが自由に発見できる環境を整えてあげるだけでいいのです。ちゃんと勉強させなくてはとか、同じ年ごろの子と「違って」いるんじゃないかと心配することはありません。その子なりの道を、その子らしい方法で、その子に合ったペースで成長していると信じましょう。

② 学ぶ環境を整える

自分のまわりの世界に興味を持ち、もっと知りたい、学びたいと子どもが思っ

大人の役目とは

子どもは自分の身体をどこまで使えるかを、身体で覚えていきます。大人は、子どもが支えてほしいときにちゃんとその場所にいる役目です。

チェック1 子どもが成長しているだろうかとか、怪我をしたりしないかとか、そんな心配ばかりしていませんか？　まだ起こってもいないことを心配するよりも、いまこの瞬間の、その子らしい旅を一緒に楽しみませんか？

チェック2 子どもが学ぶ環境はどんな状態でしょうか？　思いきり体を動かせますか、一緒に遊ぶ子どもはいますか、大人が付き添うことはできますか？　子どもが夢中でいろいろなことを発見できる環境ですか？

ているのですから、大人はたっぷり学べるような環境と、じゅうぶんな時間を用意しましょう。なにも高価なおもちゃをそろえる必要はありません。自然のなかを探検するのは無料ですし、家にあるもので手軽に教具は作れます。

③時間をかける

発見したい、もっと知りたいという子どもには、時間がたっぷり必要です。次の予定はなく、早くしなさいと急かされることもない、ちょっと退屈になるくらいたっぷりとした時間が、子どもには必要なのです。

④安心できる、安全な基地がある

おうちのなかを子どもが安全なように工夫して、せめて1か所くらいは子どもが自由に使える安全な場所を作れるといいですね。安全で、安心できる基地があれば、子どもは興味のままに外の世界へ飛び出していけます。

⑤不思議に思う気持ちを大切にする

一緒に見たもののことを問いかけ、子どもを五感のすべてを使った体験に誘い出し、できるだけ大人も一緒に自然のなかに飛びこんでみましょう。

チェック3 仕事をしている人も、家にいる人も、日ごと、週ごとの予定を見直してみましょう。1日に15分から30分くらい、何も予定がない時間を作れますか？　平日が無理なら、週末に1、2時間でも。その用事、他の人に代わってもらうことはできませんか？

チェック4 子どもが困っているときに、後ろで大人が支えているよと知らせてあげられていますか？　大人にとってはささいなことがその子の大きな壁になっていると、しっかり子どもの目を見て気づいていますか？

チェック5 自分が不思議に思っている姿を、子どもに見せていますか？　子どもが五感を働かせて思いきり探検できるようにしていますか？　子どもが自然に触れられるようにしていますか？

知りたがりになるための7つのルール

5つのカギで、子どもが知りたがり、じっくり考えて、自分でできるようになるための土台が作れたでしょうか。そこからさらに、知りたがりの人間になるための7つのルールを心がけましょう。

① 子どもが主人公

子どもが主導でする、集中しているときにできるかぎり邪魔をしない、子どもの興味があることをさせる、これがモンテッソーリの大切な原点です。子どもと一緒に散歩に行くようなものだと考えましょう。子どものペースに合わせて、立ち止まったり、ゆっくり歩いたり。

大切なのは、なんでも子どものやりたい放題にさせるのではなく、子どもの好きなことを好きなようにやらせてあげることです。だから大人がここまでと区切りを決め、安全を確かめ、子どもの身体や環境に目を配ることも必要です。ただ、子どもに指示を出すのはやめましょう。ついつい、こうしなさいと強く言ったり、やり方を全部教えたり、情報を与えすぎたりしたら、「いや、一歩引こう、子どもを主人公に」と自分に言い聞かせてみましょう。

子どものペースに合わせる

子どもがいまいちばん興味があるのが灯台で、いつも灯台の話ばかりしているのなら、それじゃ一度行ってみようと連れだしたり、近くになければ灯台の本を読んだり、子どもと一緒に粘土で灯台を作ったり。子どもが主人公というのは、つまりその子のペースに合わせる、その子が今日は何に興味を持っているかを知ることです。何を何時にやるべきだという大人の考えを、子どもに押しつけるのはやめましょう。

無理強いをしない

とはいえ、大人もやらなくてはいけないことはあります。着替えさせなきゃ、保育園に連れて行かなきゃ、夕食の準備をしなきゃ、お風呂に入らなきゃ。決まったことはしなくてはなりませんが、ある程度は子どもの主導にしてみましょう。できたらおやつをあげるよとか、やら

②手を使った学びを

子どもは、手で触ったり、においをかいだり、音を聞いたり、味わったり、目で見たりするとより頭に入ります。**好奇心を持てるような、手で触れられる、直接的な体験をたくさんしましょう。**

子どもがいろいろ質問をするようになったら、すぐ答えを教えるのではなく「知らないなあ。一緒に答えを探してみようか」と言って、一緒にちょっとした体験をしたり、外に出たりしましょう。

そうすることで、子どもは知らないことを調べる方法はたくさんあると学びます。自分が直接体験して答えが出るなら、なおいいですね。

③家事に子どもを参加させる

幼児は大人のすることに興味しんしん。家事をしている大人の脚に子どもがまとわりつくのは、困らせたいわけではなく、家族の一員として自分も何かしたいからなのです。

④ゆっくりと

小さい子の「正しいテンポ」は、大人が思うよりずっとゆっくりです。特に

ないと怒るよ、お仕置きだよと言って無理にさせるのではなく、子どもが自分からやるような方法を見つけましょう。限度の決め方や子どもとうまく接する方法は、第6章で取り上げます。

観察と誘導

おうちのなかでも、子どもは物を触って学んでいます。「触っちゃダメ」と言うのではなく、それを触るのはいま何をできるようになりたいからかをよく観察し、それに見合ったお仕事に誘導してみましょう。

こんなことを一緒にしてみましょう

平日は仕事でゆっくり時間を取れないなら、できるときだけでもじゅうぶん。週末の1時間は子どもとの時間と決め、一緒に洗濯物を干したり、パンを焼いたり、庭仕事をしたりしてみましょう。

詳しくは第3章の「日常生活」を参考にしてください。巻末にもリストがあります。

幼児は、何ひとつ急いでやろうとはしません。急ぐのは広いスペースを見つけて駆け出すときくらい。子どもと一緒に、コンクリートの割れ目をのぞきこんでみましょう。**結果より途中の過程を楽しみましょう**。ゆっくりとやれば、子どもはじっくり探検し、いろいろなことに興味を持ちます。

⑤自分でするのを手伝って

「自分でするのを手伝って」という言葉が、モンテッソーリではよく使われます。これは子どもがひとりでできるような用意をする、必要なときに必要なだけ手を貸し、あとは離れて見守る、じっくり練習できる時間を取る、そして間違っても受け入れ、見守っていると知らせるということです。

●子どもにスキルを教える

お仕事を細かい手順に分け、ゆっくりとしてみせましょう。**大人は、最後まで口を閉じてしてみせましょう**。そのほうが子どもは手順を理解できます。言葉をかけるときは「見て」という一言だけ、動きはゆっくりと、わかりやすく見せましょう。

●スキルを積み上げる

たとえば、靴を履く場合。最初は片足を片方の靴に入れるところだけしてみ

子どものペースで

子どもに何かさせたければ、とにかくゆっくりやればいいのです。毎朝のように「遅れちゃうよ！」と言わないこと。急かされると、子どもは嫌になってしまいます。だから反抗するし、そのせいで余計に遅れるのです（では遅れないためには？　第7章を参考に）。

日々の暮らしをゆっくりできている子は、どうしても急がなくてはいけないとなったらがんばってくれます。朝の目覚ましが鳴らなくて寝坊したからバスに遅れそうと言えば、ちゃんと走るでしょう。でも毎日急かされている子はてこでも動きません。

せます。子どもが自分で靴に足を入れられるようになったら、次は面ファスナーを引っ張って足に合わせるところを見せます。子どもが自分の手で引っ張ることができたら、面ファスナーをぎゅっと押しつけて留める方法を教えます。これで、自分ひとりで靴を履けるようになります。

●時間をかける

毎日やることにもたっぷりと時間を取れば、子どもがひとりでできるよう途中で手を貸す余裕もできます。とはいっても、いつまでかかってもいいわけではないので、10分から15分くらい時間を多めにとっておいて、大人はお茶を手に持って、子どもと同じ部屋で床に座っていましょう。時間がかかりすぎて大人がいらいらし始めたところが、子どもが困っているタイミングです。叱りつけたりせず、次の日からはそこでさっと手を貸しましょう。

●手を貸そうと声をかける

困っているからとすぐに手を貸すのではなく、子どもがどこまで自分でできるか見守りましょう。新しいことや難しいことにぶつかって手が止まったら、そっと声をかけます。

「少し手伝ってほしい？」「もういちどやり方を見たい？」「このやり方はやってみた？」

それで子どもが手伝ってと言ったら、手を貸しましょう。

間違っても普通にしていよう

間違いは、学ぶチャンスのひとつにすぎません。そんなときはお説教をしたり罰を与えたりせず、

◆子どもが物の名前を間違っていると気づいたら、その場ですぐ訂正せず、その子がまだその名前を覚えていないことだけ覚えておく。そして別の機会に、もういちど名前を教える。そうしたほうが、間違ったときにすぐ教えられるよりも、子どもは素直に学べる。モンテッソーリではこれを「教えるならば、訂正ではなくただ教えること」と言う

◆水をこぼしたりしたら、子ども用の掃除道具を渡す

◆誰かを傷つけてしまったら、仲直りできるよう手を貸す

◆大人は、間違ったときに落ち込みすぎないようなお手本を見せる。そして「ごめんなさい。あんなこと言うべきじゃなかったね」とか「あんなことしてごめんね」と、きちんと謝る姿を見せる

⑥ 想像力を豊かに

想像力はファンタジーとは違う

ファンタジーとは、現実には存在しないものを作り上げたお話です。でも6歳以下の子どもには、聞かされたお話が現実のことなのか、作られたお話かを区別できません。

ファンタジーとよく似てはいますが、空想はその子が実際に見た、聞いたものから自分の頭のなかで生み出すものです。モンテッソーリでは、幼い頃はまず現実のものに多く触れて心の土壌を作り、そこへまわりから得た情報を豊かに想像できる種をまきます。だから幼いうちは本物に直接手で触れる体験をさせ、良質な心の土壌を作るのです。

芸術的な感性はどうやってつける？

子どもの感性を発達させるには、大人も気をつけなくてはいけないことがあります。まず、子どもが自由に、どんなふうにでも使える材料を使うこと。お絵描きセットや塗り絵セットなどは、使い方を限定してしまうのでお勧めしません。そして、子どもの感覚を大事にしましょう。時間をたっぷりとって、作品がぐちゃぐちゃになっても、突拍子もないことをしてもよしとしましょう。

子どもは自由に空想するうちに新しいことを思いついたり、新しい友だちを作ったりします。退屈すると心は刺激を求めて動き出し、感性を豊かにするのです。

こんな研究結果も

タニヤ・シャロンとジャクリーン・D・ウーリーによる「モンスターも夢を見る？　子どもはどこまでファンタジーと現実の区別ができているか」という研究論文では、幼い子どもにファンタジー風に描かれた動物の絵と、本物に近い姿で描かれた絵を見せて実験を行っていますが、3歳の子どもには現実とファンタジーの区別がつきませんでした。

体験を通じたごっこ遊び

2歳半くらいになると、子どもはごっこ遊びを始めます。これは自分のまわりにあるものを理解できるようになったしるしでもあります。家族ごっこをしたり、クッキーを焼く真似をしたり、先生ごっこをしたり。そういう遊びには、ドラゴンやモンスターなど目に見えないものや、直接触ったことのないものは要りません。

⑦観察する

モンテッソーリの幼稚園ではよく「お子さんをただ観察してください」と言います。えっ、子どもを観察する？　どうして？　どうやって？　というのが多くの保護者の反応です。

観察するというのは、**判断も分析もせず、ただ見守ること**です。その場で起きたことをビデオカメラに収めるようにそのまま心に記録して、いい子とも悪い子とも決めず、分析もしないということなのです。

●観察して、どうすればいい？

観察はいろいろと役に立ちます。その子なりのやり方で成長していることがわかりますし、その子が何に興味を持っているのかに気づいて、**もっと先に進めるように環境を整える**こともできます。また、余計な手出しをせずに一歩引いて見守り、子どもの好奇心や創造力を押さえつけず、チャンスをあげられます。子どもの身に危険が及びそうなら、すぐに手を貸すこともできます。

長い時間観察できるようになると、それまでは見落としていた子どものちょっとした変化にも気づくようになります。学ぶ場所や人との関わりから、子どもの自立や、体を動かす、意思を伝えるなどの発達にいま何が必要かが見えてくるでしょう。

できばえを気にしない

できばえよりもどう作ったかを大切にしましょう。子どもが何を描こうとしたのか、どこに力を入れたのかをよく見ましょう。「大きな丸を描いたね」「この色とこの色を混ぜたんだね」といった声がけをしましょう。

モンテッソーリの教師の観察方法

「リサは右手に持っていた鉛筆を離した。鉛筆が下に落ちた。左足に体重をかけていたのを右足に移した。しゃがんだ。右手の親指と人差し指を使って鉛筆を拾い上げた」

観察し、子どもの行動を見たままにとらえることができる大人は、適当に対応したり、勝手に思い込んだりしなくなります。情報を得てから、きちんと対応できるからです。観察を続けて、さらに詳しく見ていれば、変わったところに気づいたり、決めつけないようになります。毎日、子どもを先入観のない目で見ましょう。

観察するポイント

意思を伝える

- 意思を伝えようとするとき、声や言葉を使っているか
- どのような笑顔か
- 泣き声の強さ、長さ
- そのほか、意思を伝えようとするしぐさや身振り手振り
- 自分の気持ちをどのように表現しているか
- 会話のあいだに目を合わせているか
- どのような言葉を使っているか
- 意思を伝えるとき、どのような反応をしているか

認識の発達

- いま何に興味を持っているか
- いま何を身につけようとしているか、知ろうとしているか。どんなお仕事をできるようになろうとしているか
- その遊びを、どれくらい長くやっているか

社会性の発達

- 同年代の子どもや大人と関わっているか
- ほかの子どもを観察しているか
- 手伝ってほしいとき、どのように伝えるか
- ほかの子を手伝うときにどのようにしているか

手先の器用さのスキル

- 物をつかむときにどのように持っているか
- 左右どちらの手の、どの指を使っているか
- 絵筆や鉛筆をどのように持っているか
- 挟むお仕事やひもを使ったお仕事など、手先を使うスキルを身につけようとしているか

体を大きく動かすスキル

- 立ったり座ったりするとき、どのような動きをしているか
- ある程度の距離を歩くとき、脚や腕をどのように動かしているか
- 体のバランスは取れているか
- いまどのような体の動かし方を身につけようとしているか
- 体を大きく動かすお仕事を選んでいるか
- 体を大きく動かす遊びができる環境か、あるいは環境のせいで体を大きく動かせないか

感情の発達

- その子はどのように泣くか、笑顔を見せるか、笑い声をあげるか
- どのようにしたら落ち着くか、あるいは自分で自分を落ち着かせているか
- 知らない人にどのように受け答えしているか
- ひとりでいるときにはどうしているか
- 自分の思ったようにならないときにどのようにしているか

自立

- ひとりでやろうとする様子が見られるか
- 大人との関わり方はどうか

着替え

- 着るものが動きやひとりでやることを邪魔してはいないか
- 自分で自分の服を脱ぎ着しようとしているか
- この服が好きとはっきり言うか

食べる

- 何を食べるか、どれくらい食べているか
- 食べるのが好きか、それほどでもないか。自分で食べたがるか、食べさせてもらいたがるか

自分と子どもとの関わり

- 子どもとの関わりを記録する。何を言ったか、どんなやりとりがあったか
- 子どもを観察していて気づいたことはあるか
- 子どもが食べなかったり、寝なかったりしたときにどんな対応をしたか
- 子どもがしていいこと、してはいけないことをしたときにどんな声かけをしたか

眠る

- お昼寝のタイミング、夜寝るタイミング
- どのように眠りに入るか
- 眠りの質はどうか
- 寝るときの姿勢はどうか
- さっと起きられるか、ぐずぐずするか

第2部 子どもを、あるがままに受け入れましょう

自分は大事にされている、自分はここにいていいのだと子どもは思いたがっています。そして、自分をあるがままに受け入れてほしいとも思っています。そのことを大人がちゃんとわかっていれば、子どもとのムダな戦いも、いらいらもなくなります。子どもの案内役となり、支え、教えられる大人になりましょう。

子どもを大切に思い、立派な家族のひとりとして、あるがままを受け入れる

子どもの目で世界を見れば、子どもの考え方を理解できます。これは相手に共感するとか、同じ見方をするという感覚に近いでしょう。人にはそれぞれ違った見方があるのだと理解することです。

子どもが別の子からおもちゃを取ってしまうのは、意地悪をしたいからではありません。その子の目で見れば、そのおもちゃをいま使いたい、ただそれだ

けのこと。子どもの視点がわかると、大人の手助けが必要か、止めに入った方がいいかがわかるようになります。

　子どもが植木鉢から土を掘り返しているのを見つけたら、何でもすぐにめちゃくちゃにする悪い子だと思うかもしれません。でも子どもの視点で考えれば、ちょうどそれが目に入ったから何が入っているか調べてみたくなったとわかります。しばらく見守って、一段落したあたりで声をかけ、子どもと一緒に植物を別な場所に植え替えたり、鉢に土を足したりしましょう。

　子どもが舌をベーっと出してみせてけらけら笑っていても、大人をからかっているつもりはないのです。舌で変な音が出せるようになったのをおもしろがっているだけかもしれないし、舌を出したら大人がなんて言うか知りたいのかもしれません。大人は観察して、子どもが自分からそれをやめるかを見守りましょう。やめなかったら、これならやってもいいよと別の遊びを提案するか、「舌をベーってされたら嫌な気持ちだよ。それよりあっちのじゅうたんの上でゴロゴロしない？」といった声掛けもいいでしょう。

　子どもを見て悪い子だと思わないようにすると、子どもをあるがままに見て、受け入れられるようになります。「うちの子はシャイなんですけどどうしたらいいでしょう？」「もっとアートに興味を持たせたいんです」「もうちょっと元気に外で遊んでほしいんですけど」などと言う大人は、子どもをあるがままに受け入れてはいません。子どもを変えようとせず、**あるがままのあなたが大好きだよ、いまのそのままでいいんだよと大人から子どもに伝えましょう。**

人から大切にされる。自分はここにいていいと思える。あるがままの自分を受け入れてもらえる。

それって、子どもだけじゃなく、大人もそうでしょ？

子どもの通訳になりましょう

子どもの視点で見られれば、子どもの通訳ができます。子どもが言いたいことを、大人の言葉に直すのです。「○○って言いたいのかな？」というように、子どもが言いたいことを言葉にしてみましょう。

子どもが床に食べ物を投げたら、「もう食べ終わったって言いたかったんだね？」と言ってみましょう。言葉を使える子がほかの子の悪口を言ったり、ひどいことをしたりしていたら「すごく怒っているんだね。自分のものを触ったら嫌だって、ちゃんと言ってみたら？」と伝え方を教えることもできます。

子どもに、ほかの大人の言うことをうまく伝えることもできます。「食べながら歩き回ってるけど、あなたのお母さんはちゃんと座って食べてほしいと言っているよ」

どんな感情も受け止めよう、でも悪い行いは正そう

「子どもをあるがままに受け入れる、子どもの視点でまわりを見る、子どもの感情を認める、じゃあやることなすことすべて受け入れろってこと？」

子どもは何をしてもいいというわけではありません。よくないことをしていたら、もちろん止めましょう。子どもの前頭葉はまだ発達していないので、大人が代わりに判断をしなくてはいけないこともあります。それは子どもの安全を守るためであり、まわりの子の安全のためであり、意見が合わなくてもていねいなやり方でそれを示せることや、人に敬意を持つことを教えるためでもあります。

子どもに意見を伝えよう（褒めるのではなく）

モンテッソーリスクールの教師は、子どもたちが自分らしい感覚を作り、自分らしくあることを自分が受け入れられることを学び、他の人も同じようにすれば自分も気持ちがいいことを学ぶ手助けをします。

こんな言い方で

「嫌だと言うのはいいけど、弟を叩いたりしないで。あなたはこちら側に座って、弟はそっち側に座ればいいよ」

「叩かないで」

「そんな言い方をしないで」

「自分で自分を怪我させないで。あなたにとって大事なことを伝えたいのはわかるから、それをわかってあげたいと思っているから」

モンテッソーリでは、**子どもにやる気を出させるのに大人の手助けは必要ない**と考えています。子どもは生まれつき備わった感覚で何が正しいか、間違っているかを判断できるし、何が自分や人の役に立つか、あるいは邪魔になるかがわかっているのです。

「よくできたね」ではなく

大人は意外と「よくできたね」と言っています。意識すれば言わないで済むものです。何でも「よくできたね」と言って終わりではなく、違う言い方をしてみましょう。相手が大人だったらどんな言い方をするかを考えてみるといいでしょう。

「よくできたね」よりも、何がよかったかをちゃんと子どもに伝える方法をいくつか挙げてみましょう。

1．見たままを口にする

でき上がったものを褒めるのではなく、作っている途中に子どもがしたことをそのまま言葉にします。子どもの行動やその結果を、ポジティブな言葉で伝えましょう。

「キッチンへお皿を運んだね」

「できてとてもうれしそうだね」

「よくできたね」と
言わない方がいい5つの理由

子育て理論に関する著作も多い作家のアルフィー・コーンは、「『よくできたね』と言わない方がいい5つの理由」というタイトルの文章を書いています。

◆大人は「よくできたね」を安売りして子どもを思い通りに動かそうとしている

◆褒められたがりの子どもになってしまう

◆子どもは何をするにも大人を安心させるためにするようになり、自分でやり遂げたという喜びを失ってしまう

◆褒められるために何かするうちに、自分の楽しみのために何かするという気持ちがなくなってしまい、子どもはやる気を失ってしまう

◆褒めることで、達成感は少なくなる。上手にやらなくちゃというプレッシャーが、子どもに興味を失わせたり、それをするという楽しさをなくしたり、失敗しないような方法にしてしまったりする

「ひとりで着替えたね」

「カゴにブロックを入れて、それを棚まで運んだね」

「青と赤の絵の具を使ったね。うずまきの形になってる」

2. 言葉でまとめる

「自分でカバンに着替えを入れて、海へ行く準備ができたね。それって、『ひとりでできた』っていうことだよ！」

「おばあちゃんがカバンの用意をするのを手伝ったんだ。それは『親切』だね」

「言われる前に床にこぼした水をモップで拭きとったね。『気が利く』ってことだよ」

3. 気持ちを言葉にする

「あなたがそれをできてよかったよ」

「帰ってきてリビングが片づいているととてもうれしい」

こういう子だというレッテル

子どもをあるがままに受け入れるということは、その子をいい子だとか悪い子だとか、こういう子だと決めつけないことでもあります。子どもの毎日に関

お勧めの本

『子どもが聴いてくれる話し方と子どもが話してくれる聴き方大全』（アデル・フェイバ、エレイン・マズリッシュ著、きこ書房）という本がその参考になります。

わっている大人は、子どもを決めつけないよう気をつけましょう。

大人はついつい、相手に対して「この人はひょうきんもの」「このひとは恥ずかしがり」「このひとは意地悪」などといったレッテルを貼ってしまいます。「賢い人」「体力のある人」などポジティブに思えるレッテルでも、一度貼ってしまうともうそれ以外には見えなくなりますね。

子どもも「こういう子」だと決めつけてしまうと、大きくなってもずっとそういうレッテルで見ることになりかねません。

そうではなく、子どもをいつも違った角度から見るようにしましょう。いまやっていることがうまくいかなくても、別なことが上手だったりするもの。一生懸命やっていたことを、ちゃんとその子に聞こえるように声かけしてみましょう。たとえば、手先が不器用な子に「両手でガラスのコップを運べるね」と言ってあげるといいでしょう。

その子を、ありのままの姿で見て、受け入れましょう。自分は大切にされている、ここにいていいのだ、受け入れられていると感じることが、子どもと大人とのあいだにしっかりした結びつきを作る根っこになります。そこからお互いに信頼しあえるようになるのです。根っこを作るためには、お互いに協力しあい、必要ならばルールを決めることが大切です。信頼しあえなければ、ルールを決めてもムダでしょう。

きょうだいの場合

これはきょうだい関係でも同じです。赤ちゃんが生まれると、上の子どもはその日から「お兄ちゃん／お姉ちゃん」と呼ばれます。これは、常に赤ちゃんよりも「大きい子」でいなくてはいけないという、大きな責任を背負わせるレッテルです。上の子、大きい子であることを押しつけるのではなく、たとえばお風呂に入っているときなどに、年齢に関係なく相手のお手伝いをするようにしてみましょう。下の子も、何でも上の子にやってもらうのではなく、年齢に応じてできることをするように、大人が見守りましょう。

第6章

自分からやろうとする気持ちをはぐくむ

子どもが言うことを聞かないときは

子どもが自分からやろうとするようになるには、少々大人の作戦が必要です。小さい子はもともと知りたがりで、思いついたらすぐ動くのに、自分のやりたいことしかやりません。だから小さい子に何かさせようとすると、脅したり、ご褒美で釣ったり、しつこく言い聞かせることが多いですよね。

でも思いませんか？「どうして聞いてくれないんだろう？」って。

「子どもに何度も言い聞かせたって、それで学びはしない。だからといって覚えるのが遅いわけではない」ウォルター・B・バーブ（作家）

モンテッソーリでは脅したり、ご褒美や罰を与えたりしない

「しつけ discipline」という言葉はラテン語の disciplina からきたものですが、もともとの意味は「教えること、学ぶこと」です。子どもにしつけをするなら「子どもに何を教えるか、子どもは何を学ぶか」ということをよく考えなくてはなりません。

脅す、ご褒美で釣る、できなければ罰を与えるというのは、外側からやらせる方法です。子どもは罰を受けたくないからやるでしょうし、シールやアイスクリームが欲しいからやるでしょう。でも無理にやらせたことは、長い目で見ると身につきません。言うことを聞いたように見えるだけで、やるべきことは何かという本質から目をそらしているからです。

これをしないならあとで部屋に閉じ込めて反省させるよと罰をちらつかせると、子どもと大人のあいだにある信頼関係は壊れます。罰から生まれるのは、大人が怖いから言われた通りにする子どもか、大人に見つからないようにずるをすることを覚える子どものどちらかです。

ご褒美で子どもを動かす方法も同じで、子どもが自分からやるようにはなりません。子どもは、ただ嫌なこと（罰）を逃れたくて言うとおりにする、あるいはいいこと（ご褒美）のためにその場は言うことを聞く、ただそれだけです。

ご褒美の悪循環

子どもを動かすために罰やご褒美を与えると、子どもが大きくなった分だけ罰もご褒美もより大きくすることになります。小さい頃に「シールをもらえるからやる」と覚えてしまった子どもが大きくなると、大人に言われて何かをやるときの「ご褒美」はもうシールでは物足りないでしょう。

脅しやご褒美、罰などを使っていると、大人のほうも疲れます。何をするにも大人がさせなくてはいけないからです。「着替えさせるにはどうしたらいいだろう」「食べさせるにはどうしたら」「手を洗わせるには」結局、あれをやりなさいこれをやりなさいと口うるさく言ううちに、子どもは大人の話をまったく聞かなくなります。

そこで、違う方法にしてみましょう。

子どもが言うことを聞かなかったら、それは大人にとっては子どもに教えるチャンス、子どもにとっては学ぶチャンスだと考えるのです。大人がしっかり準備して、子どもが自分からやりたくなる方法、大人の話を聞こうとする方法を見つけましょう。

まず大人がよく考えてみてください。「いま、この子に手を貸してあげられることは何だろう?」と。

子どもが自分からやりたくなる方法はいくつかあります。

◉子どもと一緒に問題を解決する
◉子どもと一緒にする
◉子どもが話を聞くような話し方をする
◉やってほしいことを説明する
◉ちょっとしたおまけをつける

子どもと一緒に問題を解決する

わたしは子どもと何かをするときには、一緒にやり方を考えます。そうすると、子どもは自分が仕切っているような感覚を持ちます。**どんなに小さい子でも、目の前の出来事に自分も関わりたいと思っているもの**なのです。

子どもとの結びつきが前提

子どもが自分からやるには、大人と子どものあいだにしっかり結びつきがあり、信頼されている必要があります。何をするにも戦争になってしまうなら、第5章に戻って、まず子どもとの結びつきを作りましょう。

何か困ったことが起きたとき、子どもは責任を取ることはできなくても、解決方法を覚えることはできます。「どうすればうまくいくかな？」と聞いて、一緒に解決していきましょう。

大人はすぐにいくつも解決方法を思いつくでしょうが、子どもは解決するまでの過程を学んでいます。どうせわからないだろうと一気に結論を出してはいけません。子どもの方がいいアイデアを思いつくこともありますし、子どもの意見のほうがいいことだってあるのです。

◉「あなたはまだ公園にいたくて、わたしはもう帰る準備ができている。それじゃ、どうしたらいいのかな」

◉「そのパズルができたらシャツを着るつもりなんだね。それじゃわたしは向こうで着替えてからまたここに来て、あなたの着替えを手伝いましょうか」

◉「子どもはふたり、おもちゃはひとつ。それじゃ、どうしたらいいのかな」

まだ言葉が話せない子どもだって、ちゃんと考えています。たとえば、弟がハイハイしてきて自分の手からおもちゃを取っていったら、別のおもちゃを取ってきて渡したりします。

大きな問題のときは、解決方法を思いつくまま紙に書き出してもいいですね。思いついたことは全部、つまらないこともどんどん書いていきます。それを子どもと一緒に見ながら、みんなが納得できる方法がないか探してみましょう。ひとつの案を実行してみたら、うまくいったかどうか、もうちょっとうまくや

るために何が必要かをもういちど話し合ってもいいでしょう。そのときはなぜそんな話し合いが必要か理解できなくても、成長するうちに問題をどう解決していくかのプロセスがわかってきます。

自分で決めた解決方法なら、子どもはきちんと実行しようとします。これはほかの人と問題解決するときのスキルになります。

子どもと一緒に問題解決するときのチェックリスト

子どもと一緒に問題を解決するのに、一緒に簡単なチェックリストを作るのもひとつの方法です。絵で描くとよりわかりやすいでしょう。

子どもが朝いつも着替えを嫌がるなら、朝の支度をするときにやることをまとめた「朝のチェックリスト」を作りましょう。夜寝るのに時間がかかるなら「寝る前のチェックリスト」にするのもいいでしょう。

項目ごとにイラストを入れたり、写真を添えましょう。やることは毎日同じでも順番を変えたいなら、絵を描いたふせんや、ラミネート加工した絵に面ファスナーをつけたものを使って順番を並べ替える方法もあります。

チェックリストを見ながら、次は何をするか確認しましょう。こうすれば、大人にやらされているのではなく、自分がチェックリストに聞いているのだと子どもは考えます。「次は何だろう、チェックリストを見て」とか、「チェックリストには、歯をみがくって書いてあるよ」と声掛けしてみましょう。

一緒に考える

問題解決に関わると、子どもが目に見えて落ち着いてきます。それは、大人と責任をシェアしたからです。なにか問題が起こったときは大人がやり方を押しつけるのではなく、大人も子どもも自由に考えて、一緒に解決を図りましょう。

チェックリストを作ったり、見に行ったりするのは子どもです。自分がやっているんだという自覚が、子どもに生まれているのでしょう。

朝と夜のチェックリスト

朝

- □ 布団をたたむ
- □ 朝ごはんを食べる
- □ 着替えをする
- □ 髪をとかす
- □ 歯をみがく
- □ 靴を履く／コートを着る

夜

- □ 晩ごはんを食べる
- □ お風呂に入る
- □ パジャマを着る
- □ 歯をみがく
- □ 水を飲む
- □ トイレに行く／おむつを替える
- □ 絵本を読む
- □ 布団をかける
- □ 眠る

子どもを関わらせる

年齢に見合ったことを

何かするときに、子どもに一緒にやろうと声をかけましょう。どこの小学校に通うかというような大きなことではなく、たとえば幼児なら季節に合った服を2枚見せて、どっちの色にするかとか、お風呂場に行くときに、カンガルー歩きか、カニさん歩きかどっちにする？　とか、年齢に合わせた声かけをしましょう。

自分で決めると、子どもは自分がやっているんだという意識を持ちます。

情報を与えよう

子どもには「オレンジの皮はゴミ箱に入れなさい」と大人から指示する形ではなく「オレンジの皮はゴミ箱に入れるものだよ」と情報を与えるようにしましょう。それだけでちゃんと、自分がオレンジの皮をゴミ箱に入れるのだと子どもにはわかります。大人に命令されてやるのではなく、自分がやると決めてやるということが大切なのです。

こんなときは

選ぶのを嫌がる子もいます。どんなときも、子どもに話をするときはその子が決められそうなものだけにして、それ以外の余計な問いかけはしないようにしましょう。

ひと言で

大人は、ついあれもこれもまくしたてています。「いまから公園に行くよ。靴を履かなきゃ。足を守るために靴は必要なの。履いておいたほうがいいよ。あら、あなたの靴はどこ？　まだ履いてないの？」といった具合に。
子どもには、できるだけひと言で伝えましょう。この場合なら、「靴」のひと言でじゅうぶん。子どもは何をすればいいのかを考えますし、靴を履くと考えて決めることで、自分がやることだという意識が芽生えます。

また、子どもの前で相手とていねいに接するお手本を見せることもできます。子どもは見て覚えています。

もうひとつ、子どもに伝えるひと言は、はっきりと大きな声で言いましょう。

子どもの同意を得る

子どもを参加させる、あるいは子どもに参加しているという意識を持たせることで、子どもは自分からやろうとします。子どもが家を出たがらなかったり、公園から帰りたがらないことが多いなら「あと5分で出るよ」などと声かけしてみましょう。それがちゃんと伝わったなら、そこからどうすればいいか一緒に考えましょう。5分というのがどれくらいなのかわかっていなくても、出かけるために5分で何かするということは子どもにも理解できるはず。

息子の言葉

ある日、家族みんなで出かける支度をしていたときのこと。その頃7歳くらいだった息子が、わたしにこう言いました。「ママ。靴ひも」。足もとを見ると、わたしが息子の靴のひもを踏んでいました。「あーあ、わざわざぼくの靴ひもを踏まなきゃいけないわけ？」とか、もっとひどい言い方をしてもおかしくなかったのに。

5分経ったときにアラームを鳴らすのはあまりお勧めしません。外側からの刺激がないと動かない子になってしまいます。使うならば、何をするかを子どもが納得したうえで、自分でタイマーをセットするようにしましょう。そうすれば、チェックリストと同じように、時間が過ぎたことを教えるのは大人ではなく、タイマーだと子どもは思います。

子どもに聞かせられる話し方

わかりやすい言葉を使う

あれをやっちゃダメ、これをやっちゃダメと子どもに言うより**「していいこと」がわかるような言葉で伝えましょう。**「走っちゃダメ」ではなく「部屋のなかは歩きます」、「登っちゃダメ」ではなく「足は床につけます。登るなら外へ行きましょう」ですね。

子どもに「大声を出さないで!」と言っている大人の声は、大きいです。だから子どもは大人と同じように大声で怒鳴り返すのです。ダメと言われると、子どもはやってはいけないことが聞き取れただけで、ではどうすればいいのかはわかりません。だから、むしろささやくくらいの声で「小さい声で話しましょう」と言ってみましょう。

こんなふうに言ってみて

「いまパズルをやっているんだね。でもあと5分したら出かけるよ。それまでにはパズルはできあがらないんじゃないかと思う。壊れないようにちょっとあっちへ置いておいて、戻ったらまたやってみる? それとも、いまは崩して片づけて、あとでまた最初からやる?」。

公園で帰りたがらない場合は、こういう言い方もできます。「あと5分したら帰るよ。最後の1回は何をする?」

落ち着いた声で、気持ちよく接する

子どもは自分が大切にされているかどうかを大人の口調から感じ取っています。だから泣き声や自信のなさそうな声、厳しい声、脅すような調子など、声の調子ひとつで言葉の意味が伝わらなくなってしまいます。無理に作った声では子どもは自分をちゃんと見てくれていると思えず、大人と一緒に何かやりたいとは思えないでしょう。

子どもに話しかける前に、自分の心が落ち着いているか、ちゃんと落ち着いた声が出せるかをチェックしてみましょう（大人が気持ちを落ち着かせる方法は第8章で紹介します）。いつも、小さな声で話してみるのもいいですね。子どもの耳はちゃんと聞きとっています。

子どもに「手伝って」と言う

子どもはいつも、大人と一緒に何かしたいと思っています。だから、部屋のなかに入ってほしいなら、ちょっとカギを持っていってとか、このカバン重いから一緒に運んでと声をかけてみましょう。スーパーマーケットでは、絵で描いた買い物メモを持たせると、子どもは買い出し係としてはりきってくれます。メモはチラシの写真を切り取って貼ってもいいし、簡単なイラストほどわかりやすいでしょう。棚に買うものを見つけたら、子どもに取ってもらいましょう。

会計が済んだ商品を袋に入れるのも子どもに頼むといいでしょう。

「いいよ」と言う

1日に100回も「ダメ」と言われたら、子どもは大人の言うことを全部無視するようになります。「ダメ」というのは本当に危険なときだけにしましょう。すぐ「ダメ」と言うのではなく、「いいよ」と言いつつうまく伝える工夫をしましょう。

ユーモアたっぷりに

子どもは笑えることに反応します。にこにこしながらやれば、大人も気持ちが明るくなりますよね。

子どもが着替えを嫌がったら、わたしはわざと子どもの靴を自分の足に履かせます。そうすると子どもは笑って「違うよ、それはわたしの」と言いながら、自分で靴を履きます。

怒りたくなったときにも、ユーモアが役に立ちます。くだらない替え歌を歌うだけでふっと気持ちがゆるみますし、子どもも笑顔になります。気持ちを切り替えるにはもってこいですよ。

こんなふうに言ってみて

クラッカーを食べているとき、いま持っているものをまだ食べている途中なのにもう1枚ちょうだいと子どもが言ったら、落ち着いた声で「いいよ……それを食べ終わったらね」と言いましょう。もう残っていなかったら「いいよ……こんど一緒に買い物に行ったときに買ってこようね。メモに書いておこうか」という言い方もできます。

子どもがなんでも「イヤイヤ」をいうときは、言葉で解決しよう

小さな子どもがイヤイヤ期に入ったのはすぐにわかります。トイレに行きたい？　着替えようか？　チョコレート食べる？　何を言っても「イヤ！」しか言わなくなりますね。

子どもがイヤイヤを言いだしたら、「何がイヤなの！」と問い詰めるのではなく、ただ言葉で説明しましょう。「もうごはんの時間だよ」「お風呂に入るよ」「公園はおしまいだよ」などとていねいな言葉遣いで、優しく落ち着いた声とはっきりとした口調で言いましょう。

指さす

離れたところから何度も同じことを言うよりも、実際に子どもの前まで行って指さして見せた方がいいときもあります。オレンジの皮をどうすればいいのかわからない様子なら、大人はゴミ箱の前まで行って、ふたに触ったり、指をさしたりして「ゴミはここ」と言いましょう。ただ指をさすだけでいいのです。

言葉よりも行動の方がはっきりわかるものです。

子どもはどれくらいできるのか

この年齢ならこんなことをするだろうと予想して準備する

子どもがいつも大人が望むようないい子でいると思ってはいけません。病院の待合室やカフェ、電車のなかで静かに座っているなんて、子どもにはとても難しいこと。あちこち探検したい、人と話したいという気持ちでいっぱいで、思ったら止められないということを忘れないでください。子どもの味方をして言っているわけではありませんが、わかっていればそれなりの準備もできるというものでしょう。

まず、子どもがどれくらいできているかをきちんと見ていましょう。子どもが座っている隣で雑誌を読んだりスマートフォンをいじったり、電話をしていてはいけません。カフェやレストランでは子どもの様子を観察し、興奮したり大声を出したりしそうになったら散歩に連れ出しましょう。シェフが料理をしているところを覗いたり、魚がいる水槽を見に行ってみましょう。空港での待ち時間なら、一緒に窓から外を眺めて、飛行機がどんな準備をしているのかを見ていましょう。

準備しておいた方がいいもの

出かけるときは必ず、子ども用の水や食べ物、お気に入りの絵本を何冊か、それにミニカーとかコインを入れる容器とか貝殻など、お気に入りのおもちゃを入れたファスナーつきのポーチを持っていけば、思った以上に待つことになっても困ることはありません。

子どもに声をかけるときは、いまやっていることが終わるのを待つ

幼児が一生懸命パズルをやっているときに出かけるよと声をかけても、たいていは返事もしないでしょう。すると大人は「また話を聞かないんだから！」と怒ります。

もし大人が同じようなことをされたらどうでしょう。たとえば、仕事のメールを書いている最中にほかの人にごちゃごちゃ話しかけられたら、いらいらしませんか？　ちょっとこれを先にやらせてよ、そのあとならちゃんと相手できるよって思いませんか？

ごはんができたよとか、そろそろトイレに行っておいでとか声をかけるのは、できるだけ子どもがやっていることを終わらせて、次のことを始めようとする前にしましょう。

理解するまでの時間を取る

大きい子でも、大人に言われたことを理解するには少し時間がかかります。たとえば、パジャマに着替えなさいと言っても動きもしなかったら、大人は心のなかでゆっくり10まで数えます。これは子どもを急き立てるためではなく、大人のほうがちゃんと待つためのものなので、声に出さないようにしましょう。

普段ならついもういちど「パジャマに着替えなさい」と言ってしまうのは、3か4まで数えたあたりでしょうか。7あたりで、さらに「着替えなさいってば」となるでしょう。でも、子どもが言われたことを理解して動き始めるのは、8か9あたりです。

子どもは聞いていないわけではありません。言われたことを理解するのに、時間がかかるだけなのです。

毎日同じリズムで

子どもは大人が思っているよりずっと、毎日のリズムを大切にしています。それをうまく使いましょう。朝起きる時間、着替える時間、朝ごはんを食べる時間、家を出る時間、お昼ごはんを食べる時間、お昼寝の時間、晩ごはんの時間、お風呂の時間、寝る時間。きっちり何時何分と決めなくとも、1日の流れをいつも同じにしておけば、子どもがぐずることは少なくなります（1日の流れについては第7章で詳しく）。

メモを書こう

小さい子はだいたい字が読めませんが、それでもメモにはとても効果があります。たとえば、テーブルに「登ってはいけません」と書いたメモを貼ってみましょう。「ここには『登ってはいけません』って書いてあるよ」と子どもに教えます。字で書いたものには重みがあるもので、大人が口で何度も注意するよりずっと効き目があります。

キッチンのオーブンが子どもの手が届く高さにあるなら、このメモを使ってみましょう。オーブンを使っているときに「あつい」と書いたメモを見えるところに貼って、触ると危険だということを子どもにも教えます。

メモは適度に使いましょう。あっちにもこっちにもメモが貼ってあると、効果が薄れてしまいます。

第2部 限界を決めよう

子どもが自分でできるような手助けを

脅したり、ご褒美や罰を与えたりしなくても、子どもが自分からやるように導くことはできます。でも誘ってもやろうとしない子どもには、これ以上はごねてもダメという限界のラインを引くことも必要でしょう。

ここが、モンテッソーリで子育てをするときにいちばん難しいところです。子どもには何でも自由に取り組んで、いつでも知りたがりでいてほしいのですが、それはあくまで、子どもの安全が守られ、お互いを尊重することを学び、ここまでならやっていい、これ以上はダメというラインを決めたなかでの話です。

そんなふうに、子どもにとっても大人にとっても、お互いに尊重できるようなラインを引く方法を紹介しましょう。いちど聞いただけではすぐ理解できないかもしれません。知らない外国語をいちから学ぶようなものだと思ってください。

限界は決めていい

子育てのなかで、限界が必要なときもあります。子どもの身を守るために、相手を尊重することを教えるために、子どもの選択が前向きではないときに止めるために、そして子どもを自分のしたことに責任を取れる人間に成長させるために、これ以上はダメというラインを引くのです。

子ども相手に厳しくしなくてもと思うかもしれません。子どものほうも、ここまでと言われればおもしろくないでしょう。でも、そこに愛情がこもっていれば、子どもにだって自分のためなのだとわかります。そのおかげでより結びつきが強くなるのです。

ラインははっきりと

基本ルール、家のルールを決める

小さいうちは特に「いつも通り」が大切です。これから何があるのか、いつも変わらないものは何か、変わるものは何かを知っておきたいし、親が自分を安全に守り、大切にしてくれると思えなければ不安なのです。

家族にとって大切なことをいくつかルールにしておきましょう。とはいえ、たくさん決めすぎると大人が無理やり守らせることになります。はっきりとしたルールを2つか3つだけ決めておくと、家族が安全に、穏やかに暮らせます。

家庭での基本ルールの例

◉お互いにやさしくしよう

意見が合わなくても、叩かない、馬鹿にしない。相手を大切にする

◉物を食べるときはダイニングテーブルで

家のあちらこちらで食べこぼしをするのを防ぐためと同時に、食事は人と一緒にする場と考え、遊びながら食べないよう気をつける

◉家のことはみんなでしよう

年齢に関係なく、家事は家族みんなで。子どものお手伝いは大歓迎

◉いやと言ったら止める

相手が「やめて」と言ったら、それはもう楽しくなくなっているから、おふざけはそこでストップすること

こういった基本ルール、家のルールを軸として、大切なことをいつも見直しましょう。子どもの成長に合わせて変えても構いません。ただし、けんかの最中に急に変えるのはやめましょう。ルールを変更するときは、みんなが冷静に、できれば一緒に話し合えるときに。

家のルールを決める

幼稚園の保護者とのワークショップで、わたしはいつも家でのルールについて聞きます。「おうちで基本となるルールは作っていますか？　冷蔵庫に貼ってある人？　リビングの壁に、家訓を箇条書きにして飾ってある人？　それとも、一緒に暮らす大人どうしで軽く話し合っただけ？」。こう質問すると、基本ルールは特に決めていないという答えが返ってきます。つまり、ほとんどの人がよく考えず、その場しのぎで物事を決めているということ。子どもも大人も、何がルールなのかよくわからないまま生活しているのです。考えてみてください、信号が赤のとき、昨日は渡ってはダメと言われたのに、今日は渡っていいと言われたら混乱しますよね。それと同じように、大人が言うことをころころ変えたら、子どもはどうしたらいいかわからなくなってしまうのです。

それぞれのおうちに合うよう工夫してルールを決めてみてください。

ルールは、思いやりをもって、きっぱりと実行する

もし、あれこれがんばっても子どもが嫌がったら、大人は優しく、でもきっぱりとした行動をとりましょう。

おむつを替えるのを嫌がったり、食事中に食べ物を投げたり、公園から帰らないと駄々をこねたり、子どもがそういうことをする気持ちを理解してあげることは大切です。それでも行動しなくてはいけません。大人は子どものリーダーなのですから。

わかるように、年齢に合わせて

子どもがやったことと、その結果にはちゃんとつながりがないといけません。自分のしたことがどうして罰を受けるのか、なぜご褒美をもらえるか、子どもには理解できていません。言うことを聞けないなら公園に連れていかないとか、いい子にしていたら後でアイスクリームをあげるとか、どうしてそうなるのかわからないのです。

子どもにも理解できる話をしましょう。子どもが部屋のなかでボールを投げたら、投げないでと言うだけではなく、まずボールを片づけて、外へ行ったと

てこでも動かない子どもには

そっと手を置きましょう。どうしても行かなければいけないときは、さっと抱き上げて連れていきましょう。おむつを替え、一緒におもちゃを片づけ、公園を出ましょう。ごねるのはそこまでと、子どもにはっきりとサインを示すのです。

きにボール遊びをさせてあげるといいでしょう。

ラインをはっきり示す

ダメだというラインを示すには、言葉で言うのがよいでしょう。「～してはいけません」「代わりにわたしがします」と、親のすべきことをしてみせ、お互いを尊重するようにします。声を掛けながら子どもに近寄ったり、子どもの目の高さに合わせると、ちゃんと聞いているかわかります。

毎回説明しなくていい

ごねるのはここまでといちどラインを伝えたら、その理由を毎回説明する必要はありません。

食事のたびに子どもが食べ物を投げると「食べ物を投げてはいけません」「食べ物は口に入れて食べるものでしょ」と同じ注意を繰り返していませんか。でも、子どもにお願いすることも、二度目のチャンスを与えることもないのです。

子どもが何度も繰り返すなら、いちいち注意をせず、「食べ終わったんだね。お皿はキッチンへ置くよ」ときっぱりと行動しましょう（食べ物を投げたときの答え方は第7章参照）。

こんな言い方で

「お友だちの手からおもちゃを取ってはいけません。わたしがあなたの手を外します」。

「お友だちを叩いてはいけません。あっちへ連れていきます」。

「あなたが怪我をしないように、ここにクッションを置きます」。

「あなたをそこから降ろします。どうしても何か噛みたいなら、このリンゴを噛みなさい」。

安全のためのラインを引く

子どもが危ないことをしていたら、大人が止めなくてはいけません。わたしが「やめなさい」と口に出すのはこのときだけです。そういうときにしか言わないからこそ、子どもも本当に危ないのだと気づきます。

子どもには「やめなさい、それはいけません」とはっきりと言いましょう。そして子どもをその場所から離します。

マイナスの感情を認める

ラインを引いたことで子どもが嫌がっても、大人はその感情を受け止め、子どもの視点で見てみましょう。

子どもの感情を推測する

「非暴力コミュニケーション（叩かないしつけ）」の講座では、子どもがマイナスの感情をもっているとき、大人は単純にひと言でかたづけず、子どもがどう思っているのか細かく推測するよう教えています。

◉あなたは○○なのかな？

それでも子どもがそこへ行ってしまうなら

何度も言い聞かせ、連れ出します。何度も危ないことをするなら、わたしは物の場所を変えるか、見えなくします。電源コードは箱に入れたり、電源コードがあるところにソファを動かしたり、ガラスのキャビネットはカギのかかる部屋に動かしてしまったり。いろいろ工夫してみましょう。

- ○○のことを言いたいのかな？
- ○○みたいに見えるんだけど、どう？
- ○○って思ってるのかなと思うんだけど？
- あなたが○○と思っているんじゃないかと思うんだけど

子どもが嫌そうな顔をしているなら、「公園から帰ることを怒っているのかな？」といろいろ問いかけて子どもの気持ちを推測してみましょう。あるいは、「とても怒った顔をしているね」と、子どもがいまどんな表情をしているか伝えてみましょう。

外れていたとしても、それでもいいのです。「違うよ！」とか、「嫌になっちゃったんだよ」と子どもが叫び返せば、それもまた子どもの感情を知る手がかりになります。

激しい感情を逃す

子どもの思ったようにならないときには、感情を受け止めるだけでいいこともあります。たとえば、どうしてもこれを着たいと言ったけれど、それは今日行く場所には合わないとか、季節が違うと言って止められた場合。子どもが泣きわめいたり、騒いだりしたら、体をぶつけたりせず危なくないようにしっかり抱っこするか、嫌がるならせめて危なくないように見守ります。子どもが落ち着いたら、抱きしめてもいい？と聞いてみましょう。

ヒント

子どもは感情を吐き出して落ち着いたとき、よく深呼吸したり、大きなため息をついたりします。そういった仕草や動きに注意して、落ち着いたかどうか探りましょう。

まず子どもの激しい感情を全部出させてあげることです。怒ってもいい。めちゃくちゃな状態でも、子どもを愛していると示しましょう。いったん落ち着いたら、後片づけを手伝いましょう。

かんしゃくを起こしたら

子どもがかんしゃくを起こすのは、自分の思ったようにならないと伝えたいからです。困っているのは子どもです。かんしゃくを起こすのはよくないことですが、大人がまずしなくてはいけないのは、子どもを落ち着かせることです。

抱っこしようかと声をかけてみてください。そんなことでと思うかもしれませんが、抱っこで落ち着く子どもは意外と多いです。近寄るなと暴れているなら、ぶつかったりしないよう見守り、落ち着いたところで抱っこしようかと声をかけましょう。

大騒ぎしたっていいよと声をかけましょう。早くかんしゃくを止めようと焦らず、思いきり感情を吐き出させればそのうち落ち着きます。必要ならすぐに手を貸すよとわかるところにいましょう。落ち着いたら、後片づけを手伝いましょう。それだけです。

でも、じっと待っているわけにはいかない日もありますね。そういうときは優しく子どもの手を取って着替えさせながら、スポーツ実況を始めてもいいで

心のふた

ダニエル・J・シーゲル、ティナ・ペイン・ブライソン著『しあわせ育児の脳科学』（早川書房）という本では、かんしゃくを起こすことを「子どもが心のふたを開けた状態」と書いています。わたしはこの表現がぴったりだと思います。子どもは、脳の上部にあって、理性的な決断や自制心をつかさどる大脳皮質と呼ばれる部分がまだ成熟していません。

だから、大人の理屈や説明は子どもの頭を右から左へ通り過ぎるだけです。大人はまず、開いてしまった心のふたを閉じられるような手助けをしなくてはいけません。

しょう。「着替えるのが大変なんですね？　自分で着替えられるでしょうか、それともママが着替えを手伝いましょうか？　なるほど、では手伝いましょうね。おや、手を引き抜きました。これを着たくないんですね。ではゆっくり、Tシャツを首から脱がせます。ああ、ひっぱっていますね。ここが難しいんですか、教えてくれてありがとう」

かんしゃくは無視した方がいい？

かんしゃくには取り合わない方がいいという人もいます。かんしゃくは、大人が嫌がることをすれば代わりにやってくれる、構ってもらえるという、子どもの甘えだというのです。

　わたしはそうは思いません。たとえば大人のわたしが、飛行機は揺れるわ、ロストバゲージされるわであの飛行機会社はもう使わない、手配もしてくれないんだよと愚痴っているのに、友だちが話を聞く様子もなく黙って部屋を出ていったとしたらどうでしょう。きっとわたしのことを好きじゃないんだと思うでしょうし、話を聞いてもらえれば気もおさまったのにと腹をたてるか、その友だちとはちょっと距離を置くかもしれません。

　無視されると、子どもはかんしゃくの元になった出来事よりも、無視した大人に腹を立てます。話を聞いてほしかった気持ちを無視されたことで、子どもは余計に反抗するでしょう。

大人が落ち着かせ、優しく受け入れれば、子どもは自分の感情を見せるようになります。いずれは、子どももうまく気持ちを表す方法を見つけたり、大人の前で感情を見せてもいいと思えるでしょう。激しすぎて自分でも怖くなってしまうほどのかんしゃくを、そっと落ち着かせてくれた大人の前でなら。

落ち着いてから、ちゃんと話す

気持ちが落ち着いたら、子どもは何が起こったかを話せるでしょう。大人はまず、抱きしめてもいい？　と聞いて、子どもを抱きしめてあげましょう。それから、さっきどう思っていたかを、子どもの視点から理解しましょう。
「そうか、それが嫌だったんだね。そんな風には見えなかったよ。すごく怒っていたから」

やり直す手伝いをする

子どもの気持ちが落ち着いたら、片づけを手伝いましょう。こうすることで子どもは、自分がやったことには責任を持つということを学びます。とても大切なステップです。これは取り上げるよと罰を与えられるより、「こんなにき

心を落ち着ける場所を作る

「ポジティブ・ディシプリン最初の3年間」（日本未訳）のなかで、心理学者でもある著者のジェーン・ネルソンは、3歳くらいになったら気持ちが落ち着くような、好きなものばかり集めたスペースを作っておくといいと書いています。

この「落ち着くところ」は、部屋に閉じ込めて反省させるのとは違います。「落ち着くところ」とは、子どもが自分で行って、好きなだけいていい場所です。大人に行きなさいと脅されるものでもありません。子どもが八つ当たりし始めたなら、「落ち着くところへ行って、静かにしていたい？」「一緒に落ち着くところへ行こうか」と声を掛けてみましょう。子どもが行かないと言ったり、お互いに冷静になったほうがいいなら、大人の方が「落ち着くところへ行ってくるね」とその場を離れてもいいでしょう。

れいになったんだね」と励ますような声をかけたほうがうまくいきます。

まずは、どんなに嫌なものでも、子どもの感情はすべて受け入れ、落ち着かせましょう。落ち着いてから、子どもが片づけるのを手伝いましょう。

ここで子どもが落ち着いてもいないのにさっさと片づけを始めたら、子どもは反抗して、きれいにするのを嫌がります。だからちゃんと、子どもの気持ちを落ち着かせましょう。そのあとでなら、散らかしたものは片づけるとちゃんと覚えるでしょう。

仲直り

子どもが誰かを叩いたりした場合、気持ちが落ち着いたら一緒に相手の子の様子を見に行き、お互いに謝りたいか聞いてみましょう。

仲直りのお手本を見せる

まだ小さいうちは、「友だちが怪我してないか、一緒に見に行こう」「うちの子が痛いことしてごめんね。大丈夫だった?」と、大人が仲直りをしてみせましょう。わざとやったことでないのなら、無理やり連れてきて謝らせても小さな声でごめんと言うだけだったり、嫌味な言い方で形ばかりで謝ったりします

から、大人がていねいな謝り方のお手本を見せるほうが効果的です。

わたしが自分の子育てでいちばん大変だったのは、子どもが間違ったことをしたあと、ちゃんと自分がしたことの責任を取れるように手を貸すことでした。それでも、ちゃんとした人間になる種を子どもの心の土壌にまくには、ここは重要なポイントだと思います。

ラインを決めるなら

早めに決める

ここまでとラインを決めたものの、それが大人が我慢できる範囲を超えていたら、子どもに優しくできないですよね。つい与えすぎたり、子どものためだとやらせすぎたりしていませんか。結局は、大人がかっとなって怒りだすことになります。

子どもが何かしているとき、見ていて嫌な気分になるなら、我慢できず怒鳴りつけるのではなく、早めに止めてラインを引き直してみましょう。

最初はこれくらいいいだろうと思ったことでも、だんだん腹が立ってきたりします。あとからでも遅くはありません。「ごめんね、砂を投げてもいいと思ったけれど、やっぱりよくないわ。砂を投げてはいけません」などと言ってみま

大人が子どもに謝る

約束を忘れたとき、相手をがっかりさせたとき、うっかりぶつかったときも、子どもにていねいに謝ってみせましょう。子どもと言い争ったあとも、悪かったと大人から謝りましょう。大きくなってから、子どもはちゃんと心を込めて相手に謝るようになります。

しょう（そう言われて子どもが怒ったら、「マイナスの感情を認める」「かんしゃくを起こしたら」を参考に）。

大人が困ってしまったら

大人は子どものガイド役だということを忘れないようにしましょう。ガイドがおろおろしていてはいい仕事ができませんね。子どもは、大人を見て進む方向を決めています。大人が困ったと頭を抱えていたら、子どもは自分ができないことを大人のせいにします。でも、大人の仕事は頑張っている子どもをそばで支えることですから、できなくても大人が代わりにやってあげる必要はないのです。

◉子どもがごはんを食べないからと、手を替え品を替え食べさせようとすると、子どもは大人が下手くそだから自分が食べられないのだと思う

◉子どもが着替えないからと、どうにかして着替えさせようとすると、子どもは自分が着替えないのは大人が悪いんだと思う

◉子どもが公園から帰りたがらないとき、なだめすかして帰らせようとすると、子どもは帰りたくないのに大人がいじわるをしていると思う。でも、子どもの問題を解決するのは子ども自身。大人はそれを手助けするだけにしよう

◉子どものために栄養たっぷりのごはんを用意しよう。でもそれをどれくらい食べるかは、子どもが決めること

◉子どもが着替えやすいよう、チェックリストを作る。でも子どもが着替えようとしないなら、パジャマのままお出かけしよう

◉子どもに、あと5分で公園から出るよと伝えよう。子どもが駄々をこねても、時間は変更しない。ほかの大人とおしゃべりするのもそこでやめる。そして必要なら手を貸して、公園を出る

ぶれないこと

仕上げは、ぶれないことです。幼児は自分のまわりのことを理解しようとしています。昨日見たのと同じ物が今日もそこにあるかをつねに確かめているのです。ものによっては1日に何度も確かめています。だからむしろ、ここまでというラインが決まっていた方が、小さな子には楽なのです。大人が「ダメ」と言ったものはダメなのだとわかっています。だって大人は、子どもにとっては信用できて、頼れて、いちばん興味のある相手だから。

その大人が、昨日は「ダメ」と言ったことでも、子どもが何度もしつこくお願いしたらダメじゃなくなったとしたらどうでしょう。子どもはごねれば自分の言うとおりになると覚えます。

大人は、わからないときには「わからないな」「どうだろうね」と答えましょう。

大人もよく考える

そもそもどうしてそれは「ダメ」って言ったのか、大人はよく考えてみましょう。さんざんごねるからと結局アイスクリームを食べさせてしまうなら、最初から「いいよ」と言っておけばぶれずに済むのです。

子どもは大人に、こんなふうに愛情を見せてもらいたいと思っている

◆自分を100％あるがままに受け入れてほしい
◆自分が知りたいことを思いきり探検する自由を与えてほしい
◆自分と一緒に何かしてほしい
◆自分が安全で、尊敬される責任感を持った大人になるための境界線を作ってほしい

第7章

実践編

ばたばたと過ぎていく毎日の原因は、子どもとの格闘でしょう。でもその大半はなくすことができますし、うまくいけば大人と子どもの心の結びつきを感じられる、穏やかな時間に変えられるかもしれません。

きっと大丈夫ですよ。

毎日のリズム

毎日のリズムが整っていると、小さい子はぐんぐん成長します。子どもはいま何が起きているか、次に何が起こるかを知っていたいのです。そうすれば落ち着いていられるし、安全だと思えるから。

何時何分に何をするとまで決める必要はありません。毎日同じ行動パターンで過ごすようにしましょう。子どもは、次に何をするかがわかっていれば、駄々をこねることも少なくなります。

子どもの体力と興味にマッチしたリズムを作りましょう。でもときには、リズムが変わってしまうことも。それに先に気づけば、これは難しいだろうからちょっと余裕を見ておこうと準備しておけますね。

子どものお世話をする時間は、子どもとの結びつきを作る時間

着替えを手伝い、一緒にごはんを食べ、おむつを替え、おまるを使わせ、お風呂に入れと、大人は一日の大半を子どものお世話にかかりきりです。でも、さっさと終わらせることばかり考えずに、それを子どもと結びつきを作ることができる時間ととらえてみませんか。

お世話のあいだは、笑顔で、子どもと目を合わせられる時間。いまあったことを話したり、まだ言葉がしゃべれない子でも一生懸命何か伝えようとしているのを聞いたり、やりとりを楽しんだり、優しく触れたり、抱きしめたりしましょう。

子どもは、ただ一緒に過ごす喜びをたくさんくれます。だから、一緒の時間を楽しみましょう。

幼児のための毎日のリズムの例

◆朝起きる
◆寝室で遊ぶ
◆大人に抱っこされて一緒に本を読む
◆おまるを使う、おむつを替える
◆朝ごはん
◆着替えをする、顔を洗う、歯を磨く
◆家の中で遊ぶ／午前中の外遊び／買い物に行く／保育園へ行く
◆昼ごはん
◆おまるを使う、おむつを替える
◆お昼寝／休憩
◆おまるを使う、おむつを替える
◆家の中で遊ぶ／午後の外遊び
◆おやつ
◆保育園から帰ってくる
◆夕ごはん
◆お風呂
◆おまるを使う、おむつを替える
◆読み聞かせ／おはなし
◆寝る

恒例行事

家族の恒例行事があると、いい記念になりますし、思い出に残りますね。

1年のうちに家族でなにかする機会はいろいろあるでしょう。

◉家族の誕生日

◉祝日

◉季節の行事：季節の飾り、旬の食べ物、おでかけ

◉夏休みなど長期休暇

◉週に一度の楽しみ：金曜の午後は大きな公園へ遊びに行く、日曜の朝は特別な朝食を作るなど

恒例行事を続けていると、子どもはいつのまにかそれを覚え、楽しみにしています。大人になってからも懐かしく思い出すことでしょう。子どもは、毎日のリズムを楽しむのと同じように、次はどんな行事があるかを覚えていて、待っているのです。

両親がそれぞれ違った地方の出身なら、それに親しんだり、そこから我が家だけの新しいお祝い事を作ってもいいですね。恒例行事のときに必ず食べる料理があったり、いつも歌う歌、その行事には必ず来る人、家族一緒になにか作ったり、そういったものをすべてひっくるめてひとつのイベントを形作っているのです。

着替えて家を出る

着替えて家を出るまでに、いちいち大騒ぎすることはありません。脅したり、ご褒美で釣ったりせず、きちんと子どもにわかるような教え方をし、子どもと一緒にやり方を考えるようにしましょう。

着替えも、子どもとの結びつきを深める大切な時間です。仕事で早く出かけなければいけなくても、ちゃんとできますよ。

服の種類

子どもが「自分でできる！」と着替えをしたがるようになったら、ひとりで脱ぎ着できるようなものや、ちょっと手を貸せば簡単にできるものを選びましょう。

◉短パンやズボンは、ウエストがファスナーやボタンのものではなくゴムのものにすれば、ひっぱりあげるだけで履ける

◉頭を楽に通せるような、首元がゆったりとしたTシャツを。肩口にスナップがついたタイプのものも、大きく広げて着られる

◉靴ひもの靴よりも、面ファスナーやバックルで留めるタイプの靴か、スリッポンのほうが脱ぎ履きしやすい

小さい子にはやめておいた方がいいものもあります。

- ◉歩きにくくて動きの邪魔になる、裾の長いスカート
- ◉ひとりで脱ぎ着しにくいオーバーオール
- ◉スキニージーンズなどきついデザインの服

スキルの基礎

小さい子の着替えにはまだ大人の手が必要です。手伝いながら、着替えという行動をいくつもの細かいステップに分け、覚えたことが次のひとつのステップにつながるようにすれば、子どもはどんどん自分で着替えられるようになります。

どのくらい手を貸せばいいか、つねに子どもを観察してください。まずひとつのステップを自分でやらせてみましょう。つい手を出してしまわないために、大人は両手を足の下に敷いて見守りましょう。ひとりで最後までできたときの子どもの満足そうな顔は、見ていてうれしいものです。Ｔシャツに子どもの頭だけ通してやって、両手を袖から出すところは見守っていてもいいですね。

できなくていらいらしているようなら、手伝おうかと声をかけてみましょう。ほんの少しだけ手伝ったら、一歩下がって子どもを見守ります。靴に足を入れようとしてうまくいかないなら、靴の裏をしっかり押さえて、足が入るよう手助けしましょう。そのあとは見守っていましょう。

子どもが手伝われるのを嫌がったら、こう言いましょう。「わかった、手伝ってほしいと思ったら言ってね。ここにいるから」

ゆっくりと。時間をかけて。見守りながら

出かける予定がないとき、子どもの着替えにはどのくらい時間がかかるでしょうか？　15分くらい？　25分かかる？　学校や職場に行くときの着替えにもそれと同じだけ時間を取るようにしましょう。

大人の方が待っていられなくてつい着替えに手を貸してしまうなら、楽しみながら待てるよう工夫をしましょう。紅茶やコーヒーのカップを手に持って飲みながら見守るとか（ただし熱いカップに子どもの手が届かないように）、心が落ち着くような音楽をかけてみては？

子どもが着替えたくないと言ったら

自分で着替えるのは嫌だと子どもがごねたときの準備もしておきましょう。昨日はうれしそうに自分で靴を履いていたのに、今日は全然やりたくないと言われれば腹が立つというもの。でも考えてみれば、大人だって今日は夕ごはん作りたくないなって思うことがありますよね。だから、いつでも子どもに手を貸せるようにしておきましょう。「今日は靴を履くのをお手伝いしましょうか？」

着替えをするときに役立つアイデア

◆遊びが終わるまで待つ
◆子どもが大人の言うことを理解できるようたっぷりと時間を取る
◆子どもにどちらの服を着るか決めさせる
◆ユーモアを交える
◆この年齢ならどれくらいできるかを考える
◆チェックリストを使う

【注意】 おむつを替えるのを嫌がる子もいます。これはおむつ替えのときに床に寝転がるのが赤ちゃんぽくて嫌なのでしょう。もちろん寝てくれた方が大人はやりやすいですが、そこはあえて大人が低い椅子に座って、足のあいだに子どもが立つような体勢で替えるやり方を練習してみましょう。うんちのときは、スツールの端などを握らせて子どもを前かがみにし、お尻を拭きましょう

子どもは自立する途中だということを忘れないでください。今日は手伝ってほしい、今日は自分でやりたいと、日によって違うのは当たり前。これは「自立への試練」なのだとわたしは思っています。

いままさに子どもが試練の真っただなかにいるなら、第6章で子どもが自分からやるようになる方法をもう一度おさらいしてみましょう。

急いで家を出なくてはいけないときは

子どもにたっぷり時間をあげたいのはやまやまでも、いつまでものんびりさせるわけにもいきませんよね。時間がない場合は、こんな風に声をかけてみましょう。「ひとりで着替えたいんだね。でももう出かける時間だよ。最後のところだけ手伝ってあげる」。大人もどこまでなら待てるか、はっきりと決めておきましょう。

子どもが嫌がったら、優しく手を貸しながらスポーツ実況をするのもいいですね。「いまからTシャツを着せます。ああ、ひっぱりましたか。頭を通すのが嫌なんですね？　それじゃ、こっちの手を……」

大人が先に玄関で待っているのもいいでしょう。「置いていくよ！」と急かすのではなく、「置いていったりはしないからね。先に靴を履いて、玄関で待ってるから」というふうに、落ち着いた声できっぱりと声をかけましょう。

食事

食事の時間も、子どもとの結びつきを深める時間です。食事は栄養を取るためだけではなく、みんなでするものだと子どもに学ばせたいものですね。

でも、食事の時間にはストレスの元がたくさん。親としては、体のためにしっかり栄養を取ってほしいし、食べるのが少なければ夜中にお腹を空かせて起きてくるかもと心配になります。家のなかをうろうろしながらおやつを食べるのがいつものことになっていたり、外遊びの最中に少し食べさせたから晩ごはんを食べないだろうとわかっている日もあるでしょう。逆に、食べすぎではないかと気になることもあるでしょう。

モンテッソーリでは、食べる量にはこだわりません。むしろきれいにテーブルセッティングをして、お花でも飾ることのほうを大切にしています。子どもは料理の下ごしらえや、テーブルの準備をします（もちろん、最初は大人が手伝いながら）。そして、できるかぎり家族そろって食事をとることを心がけましょう。

大人の役割

子どもが食べ物に親しみ、よい食習慣を身につけるような基礎を、大人が作

テーブルに座ることから学ぶこと

◆食事というのはみんなでするものであり、結びつきを深める時間

◆歩きながらもぐもぐ食べるより、テーブルについて食べるほうが安全

◆食べるか、遊ぶか、どちらかひとつだけ。遊びながら食べない

◆食べ物はテーブルに置く

第4章で触れましたが、キッチンに子どもがひとりで立てるよう用意して、一緒に料理の下ごしらえをしましょう。子どもは自分が料理に関わった食べ物には興味を持ちます。子どもが水を注げるようなジャグを置けば、ひとりで飲み物を準備することもできます。

りましょう。子どもがどこで、いつ、何を食べるかは大人が決めます。でも食べなさいと口に入れてやるのではなく、子どもがひとりで、自分のペースで、食べられる量だけ食べるような準備をしましょう。おもちゃで遊びながら食べたり、全部食べたらデザートがあるよというご褒美もなし、テレビやタブレットを見せて食事から気をそらすのもやめましょう。

どこで食べるか

　子どもだけ早い時間に晩ごはんを済ませるという家庭も多いですし、共働きの家庭では仕事が終わってからばたばたと一気に食事を終わらせることもあるでしょう。でも、子どもが大人と一緒に食べることで、食事はみんなでするものだと知り、マナーを覚えます。だから家族そろってテーブルを囲めるといいですね。大人はそんな早い時間に食事をとれないなら、子どもと一緒にスープだけ飲むなど軽めにしてもいいでしょう。

　わたしは子どもの分も同じテーブルに用意するほうがいいと思っています。子ども用のハイチェアを使うと、前についているトレイの分だけテーブルとの距離が離れてしまい、大人がわざわざ手を貸して食べさせなくてはなりませんが、子どもがひとりで座れる椅子を入れて同じテーブルを使うほうが食事しやすいでしょう。

　あるいは、子どもの脚がつくくらい低い椅子で使えるローテーブルを家族で

子どもが先に食べ終えたら

　一緒にテーブルに着いた人がみな食べ終わるまで待つのがマナーとはいえ、子どもが座って待つのは無理でしょう。わたしの家では、子どもは食べ終わってから自分のお皿をキッチンへ下げれば遊んでもいいことにしています。大きくなったら、自分が食べ終わってからも会話をしながら、他の人が食べ終わるまで待つことを覚えるでしょう。

　子どもが食べ物やフォークを持ったまま椅子をおりようとしたら、こう声をかけましょう。「食べ物／フォークはテーブルに置いておきましょう。あなたはそっちへ行ってもいいですよ」。まだ食べたいなら、子どもは戻ってきて座ります。もう食べる気がないなら、わたしが代わりに片づけるところをしてみせます。テーブルから離れた時点で、子どもはもう食べないと選択したのですから。

囲んでもいいでしょう。わたしはおやつのときはローテーブルに低い椅子をつけるか、床にクッションを置いて座っています。食事で同じようにしてもいいですね。ご家庭にあった工夫をしてみましょう。

いつ食べるか

毎日のリズムを作るという話は先にしましたが、食事も同じように、お腹が空いたからキッチンで食べるのではなく、毎日同じ時間帯に決めたほうがいいでしょう。朝ごはん、昼ごはん、晩ごはんの3回に、午前中と午後におやつ（どちらかはなくても）をはさみましょう。時間を決めて食べれば胃のなかできちんと消化できますし、おやつを食べすぎて食事が入らないこともなくなります。

どういうものを食べるか

家族の食事は、大人がメニューを決めますね。食べたいものを選ばせる場合は、子どもが食べてもいいと思えるものを2種類提示しましょう。子どもは料理を自分で考えることはできませんが、そうやって自分で選ぶことでどういう料理があるのかを覚えたり、食べ物について大人と会話することを覚えます。

コップを使う

1歳くらいになると、哺乳ビンからコップを使えるようになります。最初は小さなコップにほんの少しだけ飲み物を入れましょう。こぼしてもさっと拭ける程度がいいでしょう。そこから徐々にコップの使い方を覚えると、子ども用のコップを使わなくてもこぼさなくなります。昼間はそれに加えて母乳を与えてもいいでしょう。

どれくらい食べるか

むかしは、お皿のものを全部食べなさいと叱られたものですね。いまは、お腹がいっぱいになったと思ったら終わりにしなさいと言っています。子どものお皿にいっぱいに盛り付けると、食べる気を失くしたり、遊び食べをして床にまき散らしたりしますから、最初は少しだけ盛りつけておいて、もっと食べられるようなら自分でお代わりさせる方がいいでしょう。

食べる量は子どもに任せましょう。子どもが自分で食べる量で充分だと考えましょう。幼児のあいだはお腹が空きすぎることはありません。大人があれこれ言わなければ、子どもはちゃんと自分に必要な量だけ食べています。だから大人は、子どもがお腹いっぱいと言ったらそれを信じましょう。

食べたくない

子どもに一口ずつ食べさせたり、ご褒美で釣ったり、本やテレビを見ながら食べさせたりしているなら、食事の時間をストレスにしているのは大人の方です。この機会に、きちんとした食事を習慣づけましょう。

まず、子どもにごはんの食べ方を変えるとはっきり伝えましょう。一緒に楽しくごはんを食べたいということ、体が欲しがる分だけ食べること、どれくら

子どもに任せる

小食な子どもを観察すると、食欲がある日とない日があります。お皿に乗せたものを食べきれないこともあれば、急に食欲が出て3食たっぷり、おやつも全部食べてまだなにか欲しがることも。子どもの身体は、必要な量をちゃんとわかっているのです。

初めは大人がやってみせる

小さな子は、スプーンやフォークの使い方がうまくありません。最初のうちは、スプーンよりフォークの方が使いやすいかもしれませんね。フォークで一口サイズに切り分けるやり方を大人がしてみせ、それから子どもの前にお皿を置きましょう。子どもは自分でフォークを使って食べ物を口に運ぶことができます。そこから少しずつ自分でやり方を覚えていくでしょう。スプーンの使い方を覚えるには、オートミールなどすくいやすいものから始めましょう。

い食べるかは自分でちゃんと決めることなどを話し合いましょう。
最初は朝食から。栄養たっぷりの朝ごはんを用意して、子どもと一緒にテーブルに着き、大人も朝ごはんを食べながら、いろんな話をしましょう。ただし、話題は食べ物以外で！　何も食べようとしないなら、お説教をせず、食べ終わりましたかと聞いて、自分のお皿をキッチンへ下げさせます。「お腹がもう食べなくていいと言っているなら、もうおしまいにしましょう」と言ったあとで何か食べたいと言ってきたら、その気持ちは理解しつつ、朝ごはんはもう終わったから昼ごはんをたくさん食べてねと伝えましょう。

同じことを、昼ごはんと晩ごはんでも繰り返します。最初のうちはおやつは出さないほうがいいでしょう。おやつでお腹をいっぱいにしてしまってはいけませんから。朝から大して食べていないなら、夜になる頃にはお腹が空いてしかたがないでしょうね。晩ごはんには子どもの好きなものを用意しましょう。でも、いつもと違うごちそうにはしないように。家庭の食事がどういうものかを学ぶいい機会でもあります。

これを1週間続けましょう。そのあいだ、子どもが何を食べたか、記録しておきます。食べたもののリストは冷蔵庫に貼っておきますが、それを見ていいとか悪いとか子どもに言わないようにしましょう。また、食べ物の話はしない方がいいでしょう。大人は自信を持ってやりましょう。食べないと駄々をこねるのは数日で終わるはず。子どもはちゃんとテーブルについて、ひとりでごはんを食べるようになるでしょう。

食べものを投げる

子どもは自分のまわりのことを調べたがります。お皿の食べ物を手でつかんで床に投げるのは、物が落ちるのはどういう感じかを確かめているのでしょう。ただ、食べ物を投げるのはだいたいお腹がいっぱいになったあとで、食べ終わったというサインでもあるのです。大人はこう声をかけてみましょう。「もう食べ終わったって言いたいのかな？」。そして、両方の手のひらを上に向けて広げます。「全部食べ終わったら、こうしてみて。これが、食べ終わったのサインだよ。さあ、お皿をキッチンへ運ぼう。手伝ってほしいなら言って」

子どもが食べ終わっていなくて、それでも食べ物を投げようとするなら、そこは愛情をこめてきっぱりと、もう終わりにしてお皿をキッチンへ持っていくと言いましょう。もちろん、脅す口調ではなく、限界のラインを引くときの淡々とした声で。食べ物を投げるのは、だいたい短い期間だけです。大人は冷静に、ぶれずに対応しましょう。いずれ終わります。

睡眠

睡眠にも、モンテッソーリのやり方があります。子ども部屋でひとりで寝かせるときでも、親の寝室に子どものベッドを入れる場合でも、親子並んで寝て

水をわざと
こぼすときも同様に

わたしはすぐにコップを取り上げます。「このコップはこっちへ置きます。水を飲むのにコップが欲しいときは言ってちょうだい」。そして、コップをちょうだいと言ったけれどまたテーブルの上にたっぷりこぼしてしまったら、黙って片づけて、食事に集中させます。

いる場合でも、基本ルールは同じです。モンテッソーリでは子どもは子ども部屋で寝かせるよう勧めていますが、睡眠のとり方は人それぞれ違うもの。ご家庭に合ったやり方を工夫しましょう。

寝る場所

子どもが寝る場所には、ゆっくり体を休められるところにしましょう。落っこちそうだったり、うるさかったり、余計なものが目に入って寝つけないのは困ります。また、子どもがひとりでベッドに上り下りできるようにしましょう。

大きなサイズのベッドで家族並んで寝てもいいですし、大人のベッドに子どもが一緒に寝るのもいいですね。ご家庭に合ったやり方にしましょう。

ただし、それで子どもが寝ないのなら、寝る環境がよくないのかもしれません。もしそうなら、見直して変えましょう。

寝る

ここまで、子どもの必要に応じて手を貸すことが大切だとお話ししてきました。サポートして、手を貸して、また見守ること。睡眠でもそれは同じです。

まずは、普段寝るときの流れをはっきりと決めましょう。寝る前の1時間くらいのあいだに、お風呂に入り、歯を磨き、本を読み、その日にあったことを

子どもの睡眠時間

1歳から1歳4か月くらいまでは、日中にお昼寝を1度入れて、夜は10時間から12時間眠ります。そんなに寝ないという場合は、すっきりと目覚められているか、起きているあいだの機嫌がいいかをよく観察し、充分に睡眠がとれているか注意してください。

話しましょう。そのあとにするのは、子どもが眠るための手助けだけです。

ひとりで寝られるようになるためには、子どものベッドのそばに椅子をひとつ置いてみましょう。寝る前のことがひととおり終わったら、子どもをベッドに入れ、大人はその椅子に座って読書をしていましょう。子どもが泣き出したらときどき背中をさすったり、やさしくなだめたりしてもいいでしょう。でも抱き上げないこと。子どもが起きあがったらそっとまた寝かせます。そのときにおしゃべりをしたり、目を合わせたりしないようにしましょう。

子どもがそれで寝つけるようになったら、次は椅子を少し離れたところに置いてみます。椅子は何日かごとにだんだんドアの近くへ動かし、2週間くらいしたらドアの外に椅子を置いてみましょう。子どもが目を開ければ見える位置がいいですね。そこで数日できれば、子どもはもう大人がついていなくても眠れるようになります。

夜泣き、夜驚症

赤ん坊や子どもは、昼寝でも夜のあいだでも、抱っこで揺らして寝かされたり、おっぱいで寝かしつけられたりすれば、目を覚ましたときに自分がひとりだと気づいた子どもは隣にいたはずの大人を探し回ります。寝る前と同じ状況にならないと眠りに戻れないからです。そう、子どもが夜泣きをするのは、大人のせいなのです。

無理はしない

子どもの具合がよくないときには、普段より手助けをしなければ寝つけないでしょう。いつものやり方はいったんやめて、子どもの具合が良くなったら改めてひとりで寝られるようにやってみましょう。

子どもがいつも夜中に目が覚めてしまい、何か食べないと眠れないなら、夜中に食べる量を減らすようにしましょう。少しだけ食べたら、あとは牛乳を飲ませるのも手ですね。

夜中に必ず起き出して、抱っこして、何か飲ませて、布団をかけなおして、ぬいぐるみを持ってきてと注文が多い子には、起きているときにその話をしてみましょう。「昨日の夜中に起き出して、布団をしっかりかけてくれないと眠れないってぐずったのは覚えてる？　夜のあいだは自分のことを自分でするようにしてみようか。どうしたらいいと思う？　掛け布団にカバーをかけて、端っこをマットレスにしっかり入れておくか、掛布団がずれていたら自分で引っ張るようにしてみない？」

もし子どもの寝ぐずりが子どもの身体の成長や家族の健康に問題を起こしているなら、ぜひ睡眠の専門家に相談してみてください。

歯みがき

モンテッソーリでは、歯みがきのやり方を特に決めていません。でも、保護者からはよく、歯みがきを嫌がる子はどうしたらいいですかという質問があります。

まずは、子どもときちんと結びつきを作りましょう。大人と子どもで、一緒

こんな例も

ある子どもは、いつも夜中に起きておっぱいで寝かしつけていたのですが、あるときお母さんが一度寝かしつけたあと、うっかりソファでひとり眠ってしまったのに、別の部屋で寝ていた子どもは朝まで起きませんでした。そこでお母さんが1週間ほどソファで別に寝るようにしてみたところ、子どもは夜中に起きて何か欲しがることがなくなったそうです。

にいまを楽しみましょう。何事も、子どもが主導です。歯みがきするのはお風呂の前か、お風呂のあいだか、お風呂のあとかは子どもが決めましょう。一緒に買い物に行って、気にいった歯ブラシを選んでもいいですね。ただ、歯みがきはやってもやらなくてもいいのではなく、必ずやると大人ははっきり伝えましょう。

　そして、子どもがひとりでできるような準備をしましょう。小さい子は最後に「仕上げみがき」をして、歯がきれいになったか確認しましょう。手伝ってあげるときはていねいに、でも無理やりしないように。自分が子どもだったら、人に口の中に歯ブラシを突っこまれたら嫌じゃありませんか？

　大人も子どもの隣で一緒に歯みがきをすれば、自分で自分の歯を磨くことが理解できるでしょう。歯みがきの歌を歌いながら一緒に磨いてもいいですね。嫌なことを歌でごまかすのではなく、あくまで毎日のことを楽しい雰囲気でするためです。

　もし別のことで釣ろうとすれば、大人が歯みがきを手伝うのを嫌がるでしょう。歯みがきができたらシールをあげるという方法は何回かうまくいっても、じきに飽きてもっといいご褒美をあげなくてはいけなくなります。

　いろいろ試してみて、それでも子どもが歯みがきを嫌がるようなら、落ち着いた口調で、堂々と、優しく手伝いましょう。「さあ、歯みがきのお手伝いをしますよ。洗面所へ行きましょう。口を開けますよ……」。そのときは優しく、でもきっぱりと。

トイレトレーニング

子どもにトイレトレーニングさせなきゃ、と憂鬱になることはありません。排泄は人間の自然な行為。子どもは大人が汚れたおむつをどう扱うか見ています。そのとき大人が嫌な顔をしていれば、うんちやおしっこを出すのがあたりまえのことではなく、汚くて嫌なことだと感じてしまいます。

だからのんびりと、子どもがストレスなくがんばれるように手伝う方法を紹介しましょう。

スキルの積み重ね

子どもはトイレでできるようになるまでにスキルを積み重ねていきます。最初は自分の着ているものを脱ぎ着するところから。ズボンの上げ下ろしと、下着の上げ下ろしができるようにしましょう。

おむつを替えるときには、さりげなくおまるやトイレに誘導しましょう。無理やりではなく、いつものこととして取り入れられるといいですね。「おまるに座る？」「トイレを使う？」「終わったらおむつをつけようね」といった声かけがいいでしょう。

子どもと、トイレを使いやすく用意する

小さなおまるか、トイレにつける子ども用便座を用意しましょう。ひとりで便座に座れるように踏み台を置けば、足がつくので安定します。トイレのなかに、汚れた服を入れるカゴと、きれいな下着を置く場所を作りましょう。おしっこをこぼしてもすぐ拭けるよう、掃除用のぞうきんもあると便利です。

前もって全部準備して、なんでもすぐ使えるようになっていれば、大人ものんびり構えられますし、慌ててあれこれ探しまわることもありません。おまるや子ども用便座でうまくできなくても、落ち着いた口調でこう言えますね。「あら、おしっこで濡れちゃった。必要なものはここに全部ありますよ。きれいにしようね」

そろそろできそうというサイン（あくまで子どもが主導）

大事なのは、子どもが主導でやるということ。隣の子との競争ではありません。年齢は特に書きませんが、子どもがひとりでトイレを使えるようになるサインはいくつかあります。

- ◆おむつが汚れたら引っ張っている
- ◆うんちが出そうになったら、うずくまったり、ひとりで隠れるような場所にこもる
- ◆おしっこでた、うんちでたと大人に言う
- ◆おむつ替えを嫌がることがある
- ◆自分でおむつを外してしまう

あたりまえのことに

子どもも準備に参加させましょう。下着やおまるは、子どもと一緒に買いに行きましょう。トイレに間に合わなくて少しぐらいおしっこが出ても大丈夫な、トレーニングパンツも用意しておくといいですね。

ある程度スキルを積み重ねたら、家にいるときは下着でいてもいいことにしましょう。そのほうが脱ぎ着が楽ですし、汚しても洗いものが少なくて済みます。子どもは下着を濡らしたらどんな感じかを学べますし、おしっこが自分の脚を伝って流れていくのも見るでしょう。体の感覚を育てましょう。

汚してしまったら、子どもにトイレへ行って着替えるよう言いましょう。モンテッソーリスクールの教室ではこう声をかけます。「服が汚れたね。着替えてこよう」。それで充分です。わざわざ「失敗したね」なんて言う必要はありません。

夜も下着にする

日中、長い時間おむつや下着を汚すことがなくなってきたら、お昼寝や夜寝るときに普通の下着にしてみましょう。

子どものシーツの上に厚手のタオルを広げておいたり、おねしょカバーを使うのもいいですね。簡単に外して洗えるものがお勧めです。

まずはおまるかトイレに誘う

子どもに「トイレに行きたい?」と言うと、だいたい「行きたくない」という答えが返ってきますね。ひとりでできるようになりたい子どもがよくする答えです。そういうときは、子どもがそのときやっていることが終わるまで待ってから「そろそろおまるを使う時間だよ」と声をかけて、トイレに連れていきましょう。

便秘

うんちすることを怖がる子もいます。硬いうんちでお尻が痛かったことがあったり、トイレでうんちするのが怖くなるようなことがあったりと理由は様々ですが、なかには理由がまったくわからない場合もあります。なにか病気が関係していそうだと思ったら、お医者様に相談しましょう。

身体が健康そのものなら、子どもがリラックスできるような落ち着いた声かけをしましょう。「うんちはお腹から出る準備ができたら出てくるよ。1週間かかるかもしれないし、2週間かかるかもしれないけど、ちゃんと出るよ。体はよくできてるからね」。それだけ伝えたら、もうしつこくうんちしたいかと聞かないようにしましょう。お腹が痛そうなら、マッサージしてあげましょう。

部屋の隅に隠れてうんちする子には、徐々にひとりでトイレに隠れるように誘い出してみましょう。トイレでできるようになったら、おむつをつけたままおまるに座ってうんちするようにします。おまるやトイレが怖いものではないとわかれば、おむつを外して座れるようになるでしょう。そうしたら、トイレの使い方や、服を脱ぎ着するスキルができるよう手伝いましょう。

トイレを使うのを嫌がったら

無理にトイレでさせようとしてはいけません。子どもの体は、子どものもの

です。子どものためだからとトイレトレーニングを焦ってはいけません。大人は、子どもが自分でできるよう手を貸し、うまくできる方法を一緒に探すだけです。

子どもが何かしている最中に無理やりトイレに行かせていませんか。大人にできるのは、おまるやトイレを使うよう声をかけて、いずれ自分でできるようになると信じて待つことだけです。あるがままのその子を受け入れ、いまどこまでできるかを見ていましょう。

わざと部屋でおしっこする

トイレを使えるようになった子が、わざと部屋でおしっこをすることがあります。そういうときは、観察しましょう。それは、子どもなりに嫌なことがあったと知らせる行動かもしれません。たとえば、下の子がハイハイを始めてから遊ぶ場所がなくなっちゃった、とか。

子どもは大人に見ていてほしいのです。だから大人も子どもに興味を持って、理解するために目を向けましょう。ただ、子どもの気持ちを理解できても、やっていいことと悪いことにははっきりとラインを引きましょう。「怒っているんだね。でもお部屋でおしっこしてはいけません。嫌なことがあるなら一緒に考えてみよう」。大人と子どもの結びつきを見直し、子どもと一緒に取り組んで、問題を解決しましょう（第5章、第6章を参考に）。

おしゃぶりにさよなら

モンテッソーリでは、おしゃぶりは使いません。使っている場合は、1歳くらいまでに使わないようにしていきます。それ以降もおしゃぶりを使っている子でも、やめるのはそれほど難しくはありません。

相手が小さな子でも、これはやめるよと伝えることはできるのです。最初は、おしゃぶりを使うのを寝るときだけにします。子どもが起きたら、おしゃぶりはベッドサイドの、子どもの手が届かないところに置いた箱の中にしまいます。見えないところにしまえば、子どもがおしゃぶりが欲しいと騒がなくなりますし、大人も泣くたびに与えたりしなくなります。

何でもないときにおしゃぶりを欲しがったら、観察して、口を動かしたい原因を見つけます。手で何かしたいとか、おもちゃを持って遊びたいこともあります。ただ大人に構ってほしいだけなら抱っこしてもいいですし、興奮していて心を落ち着かせたくておしゃぶりと言っているときもあります。

昼間おしゃぶりを使わなくなったら、夜寝るときもおしゃぶりをやめようと子どもに相談しましょう。弟や妹が生まれた友だちにおしゃぶりをあげるというのもいい方法です。

何日かのうちに、おしゃぶりなしで寝つけるようになります。大人はいつもより少しだけ手をかけてあげましょう。ただし、余計な寝かしつけをして夜泣

おしゃぶりの代わりになることをしてみよう

◆ヨーグルトをストローで食べる
◆しゃぼん玉をつくる
◆絵本やぬいぐるみなどをしっかり握らせる
◆ビンの飲み物をストローで飲む
◆コップの水にストローをさして、ぶくぶくさせて遊ぶ
◆お風呂のあと、乾いたタオルでしっかり拭く
◆しっかり抱きしめる
◆粘土遊びをする
◆お風呂用のやわらかいおもちゃを握る
◆ゆっくりと背中をさする

きの原因を増やさないようにしましょう（夜泣きをする子については、「睡眠」を参照）。

きょうだい

赤ちゃん

もし、一緒に暮らしている人がある日突然、あなたと子どもたちのことは愛しているけど、もうひとり家族を加えることにしたと言い出したらどう思いますか？　新しい家族が、自分たちが使っているベッドに勝手に寝て、自分の服を勝手に着て、あれもこれも仲良く一緒に使えと言われるのです。そんなの誰だってものすごく怒るし、新しい人に嫉妬しますよね。子どもにとって、弟や妹が生まれるというのはそういう大事件なのです。

大人は、赤ちゃんが生まれる前に子どものためにしっかり準備をしなくてはいけません。赤ちゃんが来たらどんな生活になるか、子どもと話をしましょう。本物に近い絵で、赤ちゃんの世話をしながら上の子とも遊ぶ大人の姿を描いた本があると理解しやすいかもしれません。また、お腹のなかの赤ちゃんに話しかけたり、歌を歌ってあげたりして、きょうだいの絆を作るのもいいですね。

赤ちゃんと初めて会うときは

子どもに赤ちゃんを初めて対面させるときは、部屋に入る前に赤ん坊をいったん下ろして、まず子どもとしっかり目を合わせましょう。子どもとちゃんと目を合わせてからの方が赤ちゃんを抱いて歩いてくるよりもスムーズにすすみます。

赤ちゃんのお世話

赤ちゃんのお世話をしたがる子には、新しいおむつを取ってきたり、赤ちゃんをお風呂に入れるときにせっけんを出したりするお手伝いを任せましょう。逆にお世話にまったく興味を示さない子もいます。それもそれでよいでしょう。

上の子が赤ちゃんのことで怒っていたら

上の子が赤ちゃんを嫌いだと言いだすこともあります。自分の時間を取られた、邪魔されたと感じて怒ったり、機嫌を悪くしていたり。

それは子どもが、いまつらい気持ちだと大人に伝えようとしているのです。だから「本当は赤ちゃんを嫌いじゃないんでしょ？」などと子どもの気持ちを否定するのではなく、子どもの視点で考えて気持ちを理解し、心の結びつきを深めましょう。

思いきり怒ったっていいのです。「おもちゃに触られるのが嫌なの？」などと声をかけて話を聞きましょう。子どもが思っていることを、全部吐き出させましょう。ただ、八つ当たりをしてもいいわけではありません。赤ちゃんを叩いたりしたらすぐ大人があいだに入りましょう。

どの子にも、特別な時間を作る

上の子と1対1で過ごせる特別な時間を作りましょう。スーパーマーケットに一緒に買い物に行くとか、おやつを食べにカフェまで散歩するとか、ブランコに乗りに10分だけ公園へ行くとか。

子どもが欲しがっていたのにあげられなかった物をメモしておいて、1対1の時間に話をするようにしましょう。

上の子が赤ちゃんを叩いたら

◆すぐに止めて、上の子の手をそっとどける。「赤ちゃんを叩いてはいけません。赤ちゃんには優しく触りましょう」

◆赤ちゃんの代わりに言葉にする。「赤ちゃんが泣いているね。もうやめてって言ってるんだよ」

◆上の子に、危なくない遊び方をしてみせる。「赤ちゃんに、この柔らかいおもちゃを見せてあげよう」

誰の味方もしない

子どもはけんかに大人を巻き込もうとします。そういうときはどっちの味方もせず、中立の立場でいるようにしましょう。わたし自身もそう心掛けています。

大人は、どちらの子どもにも手を貸し、怪我しそうなときには助け、あいだを取り持って仲直りさせて、どちらにも納得いくようにするのが役目です。けんかを両方の視点から見て、それぞれに必要な手助けをしましょう。

これは小さい子どもどうしでも同じです。わたしの上の子が2歳、下の子が9か月だった頃に、おもちゃのトラックの取り合いをしていたことがありました。わたしがあいだに入るのは簡単でした。きっともうひとつ別のおもちゃを持ってくるか、ひとりの気をそらすか、ふたりで仲良く遊びなさいと言ったことでしょう。でも、わたしはこう言いました。「トラックはひとつ、子どもはふたり。これは問題ね」。すると上の子は、トラックの荷台がついた後輪の部分を外して下の子に渡し、自分は前輪のついた運転席で遊び始めました。子どもの考えついた方法のほうが効果がありましたね。

いつ、あいだに入るか

親は子どものけんかに入るとすぐ「誰が悪いの?」と聞きますね。子どもた

ちはそれぞれに言い訳をして、相手のせいにします。「あっちが悪いんだ！」と。それとは違う方法をご紹介しましょう。

1．姿を見せておく

ちょっとした言い争いなら、相手と意見がぶつかったときに解決することを学ぶよい機会です。大人が同じ部屋にいることを気づかせたうえで、そっと外に出ましょう。言い合いを大人が見ていたとわかっていると、子どもは自分たちで解決します。

2．観察する

言い合いが激しくなってきたら、大人は同じ部屋にいたままで観察しましょう。わざわざ声をかけなくとも、子どもは大人が見ていると気づいています。

3．子どもに、家のルールや基本ルールを思い出させる

ルールがあるとあえて言わなくてはいけない場合もあります。たとえば、殴り合いが始まりそうなら、さっとあいだに入りましょう。「殴り合いはお互いに承知した場合にだけ、だったよね」とか、「やめなさいって言おうか？　もう楽しい遊びじゃなくなってるようだけど」などと声をかけましょう。

気持ちは
大家族の親のように

オーストラリアの教育学者マイケル・グローズは、著書『成長！』（日本未訳）のなかで、子どもが4、5人いる感覚で子育てするといいと言っています。大家族の両親はもめ事にいちいち関わっていられないし、一人ひとりを喜ばせることもできませんが、家族をひっぱるリーダーは親です。親の考えが家族の価値観の基準となり、家族という船が進んでいく先を見きわめるのです。

4．少し手を貸す

子どもだけで解決できないようなら、争いを止めるために少しだけ手を貸しましょう。

◉両方の話を聞く（どっちが悪いかを決めない）
◉それぞれにどう思っているかを聞き、それぞれの視点での考え方を理解したと伝える
◉問題を言葉で表す
◉それぞれの考えを聞いているときに、ちゃんと聞いていることを示す
◉解決は子どもたちに任せてその場を立ち去る

5．子どもを別々にして、落ち着かせる

聞くに堪えないほど言い争いが激しくなったら、大人があいだに入ってそれぞれ別の場所に移動させましょう。「ふたりともとても怒っているね。でもお互いに殴りあったりするのは嫌だな。あなたはあっちへ行きなさい、あなたはこっち。お互いに気持ちが落ち着くまで離れていなさい」

6．問題を解決する

落ち着いたら、子どもと一緒に問題解決をしましょう。第6章を参考に。

◉どうやったら解決できるか、みんなで意見を出す。小さい子の方がいろんなアイデアを持っていることも

具体例

「ふたりとも、相手に怒っているみたいだね」（それぞれの感情に気づく）
「サキ、あなたは子イヌをずっと抱っこしていたいんだね。ケン、あなたは交代してほしいんだね」（それぞれの考えを代弁する）
「でも、子どもはふたり、子イヌは1匹だよ」（問題をはっきりさせる）
「ふたりで、どっちも納得できるような解決方法を見つけてね。子イヌも嫌がらないような方法がいいよ」（立ち去る）

◉全員が納得できる方法をひとつ選ぶ
◉その方法がうまくいっているか、多少変更しないといけないか、大人は見守る

ひとりの子としてみる

食事のたびにいちいち豆を全員に同じ数になるよう盛りつけるのが難しいように、どの子どもにも平等に接することはまず無理です。その代わり、子どもが必要としているときに1対1で向き合いましょう。

自分の誕生会の相談とか、体が変化したときなど、子どもが親と1対1で話したい時期というものはあります。ちゃんと聞いてあげられれば、自分が手を貸してほしいときには大人がいてくれるんだと、子ども一人ひとりが思えるでしょう。

きょうだいを比べないことも大事です。「お兄ちゃんの食べ方を見てごらん」などと嫌味を言わないように。

子どもはなんとかきょうだいに勝とうと日々がんばっています。だからこそ、大人はほかのきょうだいとひとくくりにするのはやめ、その子だけに焦点を合わせてみましょう。たとえば、お兄ちゃんがチーズをたくさん取ったとすねている子には「チーズもう1個食べる?」と声をかけ、それぞれの子どもに別々に接するといいでしょう。

一緒に使う

赤ちゃんの頃は、大人がちょうだいといえばすぐ渡しますし、もしほかの子に持っていかれても、まわりを見渡して別なものを持ってきたりしますね。

歩き始めて「自分」という意識が高まると、できるようになりたいと思うあまり、ほかの子に「使っていいよ」とはなかなか言わなくなります。1歳2か月から1歳4か月くらいになると急に、みんなで使っていたおもちゃを自分の前に引き寄せたり、一緒に遊んでいた子を押しのけたり、ときには何の関係もない子に「どいて！」と怒鳴りつけたりすることが増えます。

2歳半くらいまでは、子どもはそれぞれに違うことをして遊びます。ひとつのおもちゃでみんなで一緒に遊ぶよりは、同じ場所にいて別の遊びをしているのです。だから、子どもはひとつのおもちゃで仲良く遊ぶという思い込みをやめましょう（年下のきょうだいがいたり、保育園でいつも年齢の違う子と関わっている子は、もっと早い時期からみんなで一緒に使うという意識が身につきます）。

順番に使う

モンテッソーリスクールでは、ひとつの教具を一緒に使いなさいと指示することはありません。子ども同士で順番に使うことを基本ルールとしています。教具はひとつしか置いていません。**いま使っている子は自分が納得できるまでずっとその教具を使うことができます。**これは繰り返しやり、集中して、そのスキルをできるようになるためです。また、それを次に使いたい子も、順番を待つという大事なスキルを身につけることになります。

　おうちでも同じルールで、必要ならば大人が手を貸しましょう。

◉ほかの子が見ていたり、一緒に遊び始めても、子どもが楽しそうに続けているか観察する。ちょっとした仕草から判断して、必要なことだけ手を貸す。

◉ちょっとしたもめ事なら、できるだけ子どもたちだけで解決させる

◉おもちゃを取られそうになった子には、「いまわたしが使っている。もうすぐ代わるよ」という言い方と、きっぱりそう言うために腰に両手を当てるポーズを教える

◉待っていられない子には、大人が「いますぐ代わってほしい？　もう少し待とう」と声をかける

◉子どもが叩いたり蹴ったりしたら、大人はすぐに止める。手や体を子どもたちのあいだに入れ、「押してはいけません。いま使っているって言ったかな？」といった声かけをする

2歳半くらいから、子どもはほかの子と一緒に遊ぶことに興味を持ち始めます。最初のうちは、言葉や状況を教えなくてはいけないでしょう。「ケンちゃんはいまひとりで遊びたいみたいだね。あとでもう一度来てみよう。そしたら一緒に遊べるかもしれないよ」

公園や人が多い場所で

ほかの人がたくさんいる、つまりほかの家のルールがたくさんある場所は、子どもにとってなかなか難しいところです。

たとえば、自分の子どもがブランコに乗っていて、他の子が並んで順番を待っていたら、大人は待っている子にこう声をかけましょう。「順番を待ってくれているんだね。この子が終わったら交代しようね。もうすぐだよ」。これでその子も、その子の親も、ブランコの順番を待っていて、次はその子だとこちらも気づいているとわかるでしょう。

自分の子どもにはこう声をかけましょう。「ブランコを使いたいって待っている子がいるよ。10まで数えたら交代にしよう」。ただ待たせるのではなく、そうやって早めに切り上げることで、他の人に優しく、礼儀正しくすることを示しましょう。

遊びに来た子と一緒に使う

家にほかの子どもが遊びに来るときは、自分の子どもに前もって、戸棚の中にしまっておきたいおもちゃはどれかと聞いておきます。それから、他の子たちが来て、好きにおもちゃを触ってもいいか、子どもの気持ちを確認し、一緒に部屋の準備をしながら、お友だちに使わせてもいいおもちゃはどれとどれかを聞いておきます。

大人が何かしているときに話しかけるには

モンテッソーリは子どもが主導ですが、子どもが大人の会話に割り込むときには邪魔にならないよう様子を見てから声をかけることも学びます。

大人が電話中だったり、ほかの大人と話していたりするときに、子どもが何か言いたいことがありそうだったら、そっと親が自分の肩を叩いて、大人に話しかけるときにはこうするんだよと気づかせます。子どもの手が子どもの肩に触れたら、きりのいいところで子どもの方を向いて、話を聞きましょう。

これは何度かやらなくては覚えられないかもしれませんが、効果があります。子どもが肩に置いた手に、大人が手を重ねれば、「大事な話があるんだね。す

話しかけるきっかけ

モンテッソーリでは、子どもが話し中の大人に話しかけるマナーとして、自分の肩を叩くよう教えています。これは、創始者マリア・モンテッソーリが長年住んだオランダの習慣からきています。日本のモンテッソーリ幼稚園などでは「ちょっと失礼します」と声をかけるよう教えています。

ぐに行くよ」というメッセージにもなります。

内向型な子どものためのスキル

内向型、ひっこみじあんな子どもの場合、ほかの子に比べて自信がなさそうだとか、あまりまわりの子と遊ばないとか心配になるでしょう。あるいは、内向型だと、大きくなって世の中を渡っていくスキルを身につけられないのではないかと不安になるかもしれません。

子どもに「シャイだから」とレッテルを貼ってはいけません。子どもが困るたびに「シャイだから」と大人が言い訳してかばうのは、子どもの成長の邪魔をすることになります。それよりも「もうちょっと練習してからやってみる？」「あとで仲間に入れてもらう？」などと、その場を乗り切る方法を教えましょう。「ほら、お兄ちゃんは仲よくみんなと遊んでいるよ」などと、きょうだいやほかの子と比べないことです。

子どもをあるがままに受け入れたら、その子の視点で考えましょう。子どもがどう感じているかを知ることです。話をよく聞き、子どもが抱きしめてほしがっているようならそうしましょう。「おばあちゃんちへ行くのが嫌なのかな？」「友だちの誕生日会のことが不安？」「スーパーマーケットには行きたくない？」など、声をかけて子どもを安心させましょう。

大人ができる手助け

子どもが不安がりそうなことは、前もって何をするか教えておくと、子どもも気持ちの準備をすることができます。

人前に慣れるまで時間がかかる子どもなら、しばらくそばにいていいよと声をかけ、一緒にみんなの様子を見ながら、入っていけるタイミングを待ちましょう。そのとき、子どもに注目が集まるようなことをしたり、仲間に入れてと大騒ぎする必要はありません。大人同士、いつもどおりのおしゃべりをしていればいいのです。子どもは自分の気持ちが落ち着いたらすっと入っていきます。

普段から、自分に自信がつくスキルを積み重ねるようにしておけば、子どもは人前でも大丈夫になるでしょう。

◆役割を決めて言葉をいう、ロールプレイングという練習をする。たとえばお誕生日会の設定で、大人がドアの前で逆に、子どもがどんなことにも自信満々なタイプで、すぐほかの子に駆け寄っては無理やり抱きしめたりしてしまう場合もあります。相手がそうされて喜んでいないようなら、気持ちを教えてあげましょう。「あの子、びっくりしちゃったみたいだね。ぎゅっとしてほしいかどうか、先に聞いてみようね」。自分はこんなにうれしいのに相手は喜んでいないと知って落ち込む子もいます。相手をあるがままに受け入れるということを、まずは大人が示しましょう。

大人の方も、特に相手が自分の子どもでない場合は、何かするときにはひと言聞くということを覚えておくといいでしょう。抱きしめたいと思ったら、「ほら、ぎゅってして！」ではなく、まずその子に「ぎゅってしてもいい？」と聞いてみるのです。いいよと言ってから抱き上げるようにしましょう。何かしてあげようと思ったらまず、子どもに聞いてみることです。子どもの方も、いつ、どんなふうに、こうしてほしいという希望があります。子どもの気持ちを尊重しましょう。

子どもが叩いたり、噛んだり、突きとばしたり、物を投げたりしたら

子どもは、人との関わり方を学んでいる途中です。コミュニケーションの手段として、言葉や音を使います。身振りや手振りを使うこともあります。それ

出迎え、子どもは「こんにちは」とあいさつして中に入り、お誕生日の子に「おめでとう」と言う

◆人がたくさんいる場所でちょっと休みたくなったときの練習。たとえば、「ちょっと静かにしていたい」と言って、その場所を離れる

◆レジでお金を払うとか、カフェで飲み物を注文するとか、簡単なやり取りを実際にやってみる。大人が一緒について行ってもいい。「いまのを、もう少し大きい声で言える？　店員さんには聞こえないみたいだよ」

◆簡単なフレーズをはっきり言う練習。たとえば、「やめて。それは嫌だ」

◆体で表現する方法。嫌なことをされたら、腰に両手を当てて立って、怒っていると示す。

スキルをうまく使えたり、自分自身やまわりの人、場所を大切にできたことをしっかり褒めると、子どもは自信をつけられます

がときに、叩いたり、噛んだり、突き飛ばしたりするという行動になります。**子どもにとっては、あくまでコミュニケーションの一環なのです。**してほしくはないですが、その時期になったら大人がうまく手を貸しましょう。

まず、子どもがほかの子を叩いたり、噛んだり、突き飛ばしたりするようになる前に、人前では大人が子どもにつきそって、ほかの子が危なくなりそうならすぐ入っていく準備をしておきましょう。とはいえ、びくびくする必要はありません。大人の不安は子どもにうつります。ただ子どものそばにいたり、隣に座っていればいいのです。止めなくてはいけないときは、子どもと子どものあいだにさっと体か手を入れましょう。叩くのをやめさせ、子ども同士を引き離すときに、それぞれの子どもの感情を見ましょう。

お出かけするたびに叩いたり噛んだりする、またはそうするのがいつも同じ場所という場合は、しばらくお出かけをやめるか、その場所へは行かないようにしてもいいでしょう。

叩いたり、噛んだりを防ぐために

観察して、叩いたりするときのパターンが分かったら、子どもに手を貸す方法を見つけましょう。いくつか例を挙げておきます。

◉お腹が空いている場合：ごはんの前に、お腹が空きすぎないように硬めのものを少し食べさせる。よく噛むことで神経を落ち着かせることができる

子どものしていることを観察する

◆**時間**　叩いたのはどういうときだった？　お腹がすいていた、疲れていた？

◆**変化**　永久歯が生えかけている？　赤ちゃんが生まれた、引っ越しをしたなど、環境が大きく変わった？

◆**遊び**　叩いたきっかけは何だった？

◆ほかの子ども　まわりにいた子どもは何人？　同い年、年下、年上？

◆**表情**　叩いたりする前の子どもの様子は？　楽しそう、いらいらしている、戸惑っている？

◆**環境**　その子が叩いたりした場所をよく見る。人が多い？　カラフルだったり、興奮しやすい色使い？　ゴミが多い？　屋内なら、壁に子どもが描いた絵がびっしり貼ってあるなど、感覚が刺激される状況？　静かで落ち着いた場所？

◉歯の生え変わりの場合：歯がため用のおもちゃを持たせてみる
◉自由に触りたい場合：口に入れてもいいおもちゃを持たせてみる
◉刺激が強すぎる環境の場合：落ち着けるよう、刺激になるものを減らす
◉騒音がある場合：音が大きすぎるものはなくす
◉移動が原因の場合：子どもに、この時間に出かける、戻ると前もって伝えておく。子どもに無理のない移動方法にする。子どもがそのときやっている遊びを終えられるまでちゃんと時間を取る。子どもにとって自由に、制限のない遊びがたっぷりできるようにする
◉ほかの子におもちゃを取られそうな場合：子どもが使えるフレーズを教える。腰に両手を当てて、「これはいまわたしが使ってるの。もう少ししたら交代するよ」
◉人に近づかれるのがいやな場合：端っこに追い詰められたり、距離が近くなるような場所に行かないようにする
◉ふざけすぎる場合：ちょっとしたおふざけのつもりで、おもしろがって噛んだり、好きな気持ちを表すのに叩いたりする子も。好きな気持ちを示すなら、ぎゅっと抱きしめたり相手と一緒にごろごろ転げまわったりするやりかたを教える
◉言葉を知らない場合：「遊ぼうよ」という言葉を知らなくて突き飛ばす子も
◉視覚・聴覚に問題がある場合：目や耳のトラブルで混乱して、手が出てしまう子もいる

◆**大人**　まわりの大人はどんな反応をした？　その状況に、よけいに不安を増やしてはいないか？

◉いらいらを落ち着ける必要がある場合：「きょうだい」の項で紹介したぎゅっと抱きしめる方法などで心を落ち着けるように

毎日、子どもをまっさらな目で見ましょう。叩いてしまう時期は少しのあいだですよ。

子どもが叩いたり、噛んだり、突き飛ばしたりしたら、大人は？

子どもにはいろいろな感情を自由に表現してほしいけれど、叩いたり、噛んだり、人を突き飛ばしたりするのはダメだとはっきり言った方がいいでしょう。叩いたりする気持ちは理解しつつ、その場から離しましょう。子どもが落ち着いたら、仲直りや片づけに手を貸し、相手の子が怪我をしていないか確かめて、泣いているならティッシュを渡しながら、謝り方をしてみせましょう。

叩いたりしたあと、子どもが笑っていたら

叩いたり、噛んだり、突き飛ばしたりしたあとでけらけら笑ってみせるのは、どこまで許されるか大人を試しているのです。こういうことをしたときにしっかりリーダーシップをとるのは誰か、誰が自分より偉いのか、していいことと、してはいけないことは何なのかを、子どもは見ています。大人はきちんとあい

大人は自信を持って

子どもは大人の感情に敏感です。できるだけ自信を持って、ほかの子がいる前ではびくびくしてみえないように気を付けましょう。大人の不安を感じ取ると、子どもはもっとめちゃくちゃなことをします。

こんな例を参考に

◆「怒っているみたいだね。でもわたしを噛んではいけないよ。下におろすからね」。危なくないよう注意しながら、子どもを落ち着かせる。落ち着いたら、子ども自身に自分が怪我をしていないか確かめさせる。「それじゃ、わたしが怪我をしていないか見てくれる？　どうかな。ああ、ここが赤くなっているね」。子どもがじゅうぶん落ち着くまでたっぷり時間を取ってからそう声をかければ、子どもはその場所をさすったり、キスしたりしてくれる。

◆「髪に触られるのが嫌だったの？　でもあの子を叩いては

だに入って、冷静に、きっぱりと子どもを止めましょう。笑うのをやめなさいと怒鳴るよりそのほうが効果があります。

ただ、叩いた後に笑ったことに大人が反応してしまったら、どんな気分だったか、必要ならば静かな場所へ連れていってちゃんと説明しましょう。「叩かれて嫌な気持ちだったよ。自分の身体が安全だと思うことは大切。わたしはお茶を入れて落ち着こうと思う。気分が楽になったら戻ってきます」

物を投げたら

これもまた、そういう時期です。子どもは物を手で触って、すべてを確かめたいのでしょう。

◉物を投げるときに何かパターンがないか見る

◉テーブルなど、動かせるものは動かして、よく投げるものは手が届かないところに置くなど、対策を。この時期は、当たると危ないおもちゃ、特に木製のものはしまっておく必要がある

◉公園などでたくさんボールなどを投げる機会を作る。屋内の場合は、投げても大丈夫なやわらかいものを。丸めた靴下などがぴったり

◉投げていいものを、優しく、はっきりと決める。「それは家の中で投げてはいけません。でもこっちの小さいものなら、クッションのほうになら投げていいよ」

いけないよ。あっちの静かなところへ行こうか」。じっくりと時間を取って落ち着いてから、相手の子が大丈夫だったかを一緒に行って聞く。あるいは、謝り方をして見せる。「うちの子が叩いて本当にごめんなさい。いらいらしてたんだと思うんだけど、叩いてはいけないよね。大丈夫だった？」

何が問題だったのかを子どもが説明できるよう手助けしてあげてもいいでしょう。たとえば、自分がおもちゃで遊んでいたのに、別の子に取られそうになったとか。

叩いたり、噛んだり、人を突き飛ばしたりする時期は大人も我慢が必要ですし、何度も繰り返し教える必要があります。叩いたりするのはその子だけの問題ではありません。難しい時期ですが冷静に子どものガイド役を務めるようにしましょう。

集中できるように

「大切なことは、子どもの個性につながる興味を目覚めさせるお仕事があることだ」マリア・モンテッソーリ博士『子どもの心 ― 吸収する心 ―』(国土社)

集中は、ただ忙しくしていることではありません。五感のすべてにつながっていることです。**子どもが集中できるようにするには、よく観察して、いま何に興味を持っているか、何をできるようになりたいと思っているかを知ることから始めましょう。**たっぷり時間を取り、挑戦する機会を与え、取り組める環境を用意して、その子が繰り返しできるようにすれば、より深く集中できるようになります。

集中できるようになるためのコツ

1. 邪魔をしない

子どもが何かしているときに、大人が隣で声をかけすぎていませんか。パズルをやっていれば「これじゃない?」「これは何色?」というように。子どもを信じましょう。子どもが何かをやっているときは、黙っていましょう。子どもがこちらを見たときに、それに応えるだけです。

2．何を繰り返しているか見る

引き出しを開けたり閉めたりしていませんか？　カゴからものを取り出しては戻しを繰り返していませんか？　服を並べ替えていませんか？　小さなおもちゃをつまんで遊んでいませんか？　石を集めていませんか？　床を拭いてばかりいませんか？　料理の準備をしたがりませんか？　同じことを繰り返すのは、それに興味があるということです。

いくらでも繰り返させてあげましょう。やり終わったときに、もう1回やってみたい？　と聞きましょう。似たようなことでも少し難しいことをさせてみましょう。

3．より少ないことは、より豊かなこと

使えるおもちゃや教具は2つか3つにしましょう。簡単すぎるもの、難しすぎるものは箱にしまって、別のときに入れ替えましょう。選択肢を少なくすると、明らかに子どもは集中しやすくなります。それに、もう使わないおもちゃや、できなくてやめてしまうおもちゃがどれかわかるので、別のものと取り替えることもできます。

4．子どもが必要としていたらいくらでも手伝う、ただし必要なことだけ

子どもがうまくできないようだなと気づいても、自分でできないかしばらく見守ってみましょう。やめてしまいそうなところで大人が少しだけ手を貸しま

こんなときにも

子どもに、たくさんの言葉を伝える時間はほかにもっとあります。一緒に外を歩いているときや、食事の用意をしているとき、ごはんを食べているとき、お風呂などのお世話をしているとき。だから子どもが集中しているときには声をかけずにいましょう。

しょう。そのあとは1歩下がって、できるところを見守ります。ほんの少しの手助けで、子どもはできるようになりますし、集中を切らさずに続けられます。たとえば、カギを回すところだけ手伝えば、子どもは自分で箱を開けることができます。

5. お仕事をする場所を作る

お仕事をするときには専用のマットを敷いたり、小さなテーブルを使うようにすると、子どもは集中しやすくなります。子どもがどのお仕事にするか選んだら、マットやテーブルを準備する時間を作り、手を貸してあげましょう。

でも、子どもがさっさと棚の上でお仕事を始めていたら、その作業の邪魔をしてまでマットを用意する必要はありません。マットを敷くよと声をかけて集中が途切れてしまったら、子どもはお仕事をやめて別のことを始めてしまいますから。

いらいらをどうするか

子どもがうまくできなくていらいらしていたら、すぐにでも手を貸したくなるもの。

困ったり悩んだりするのも、子どもには大切なことです。がんばらないとできないけれど、簡単に投げ出すほど難しすぎたりはしないことを、できるようになるのが楽しいのです。大人は、子どもが投げだしそうになるところまで我慢して、いよいよダメとなる寸前にほんの少しだけ手を貸し、すぐ1歩下がるようにしましょう。

くっつき虫の子どもは

ひとり遊びしない子どももいます。そういう子は大人が部屋から出ていくのを嫌がり、トイレにも行かせてくれません。ちょっと離れてと言おうものなら、よけいにくっつきます。子どもがくっつき虫になる理由はいろいろあります。

◉気質。大人のそばにいることで安心感を得たい子どももいる
◉旅行、いつも通りのやり方を変えた、体調が悪い、お仕事のやり方を変えた、赤ちゃんが生まれたなど。大きな変化は、子どもを不安にする
◉大人の目が子どもに向いていない。料理の途中だったり、メール中だったり
◉ひとりに慣れない。自分に必要なものを取ることができなかったり、何をやるにも大人に代わりにやってもらっていたり

子どもが大人に見ていてほしがるのは当たり前のことですし、小さな子は特にひとりで何時間も遊ぶことはできません。大人が一緒にいる時間を楽しむのはいいことですね。でも子どもがしょっちゅう大人の脚にしがみついたり、な

たとえば、こんなふうに

◆してみせる。「わたしがして見せようか?」「少しお手伝いしてほしい?」と声をかけ、ゆっくりと子どもに(黙って)してみせる。たとえば、パズルのピースをひとつ手に取って、形が合うところまで1面ずつ順番にあわせてみる、とか
◆言葉でヒントを出す。「反対側はやってみた?」

絶対に手を出すなと言う子どももいます。そういう子どものいらいらは、怒りに変わります。怒ってもいいのです。その子は別のときに、またやってみるでしょうから。

いらいらも学びのひとつだということを忘れないようにしましょう。

にかと抱っこをせがんだりするようなら、もう少しひとり遊びができるよう手を貸しましょう。

◉最初は、大人が一緒に遊ぶ。だんだんと一緒に遊ぶ時間を減らし、見守る時間を増やす。遊びは子どもが主導で。大人が座る場所を、少しずつ子どもから離す

◉しばらくじっくり子どもを見ていて、それからお湯を沸かしにキッチンに行ってくるねとか、洗濯してくるねとか、ちょっとした用事を子どもに伝えて部屋を出る。用事が終わったらすぐ子どものそばに戻る。またしばらくしたら、お茶を入れてくるねとか、また簡単な用事をしに部屋を出て、すぐ戻る。これを繰り返し、出ていってもすぐ戻ってくることに慣れさせる

◉子どもが一緒にいてと言ったら、大人は文句を言わず側にいさせる。ただ子どもにとっては退屈になるようにする。友だちの誕生日パーティで子どもがそばにいても、ずっと大人同士で会話をしている、など。そのうちに子どもも気持ちの準備ができて、ほかの子どもの輪の中に入っていく

一緒にやる

子どもも家事に参加させましょう。成長するうちに、子どもはひとりで遊ぶようになります。いまは子どもと一緒に過ごすことを楽しみましょう。

◉踏み台を使って、キッチンでお手伝いする
◉洗濯機のボタンを押してもらう
◉洗濯物をたたむときに、靴下を1足にまとめてもらう
◉子どもが「ママやって」と言ったら、少しだけ手伝って、あとは自分でできるかどうか見守る。最初は近くにいること。子どももそのほうが安心だし、安全でもある

●子どもを理解する

◉物事を子どもの視点で見て、気持ちを理解する。「怖くないよ、大丈夫だから」ではなく、「これが怖いんだね?」と理解したことを示す。別に問題を解決しなくてもよい。気持ちを理解したよと伝えるだけで充分
◉幸福を感じる「心のバケツ」を満たしてあげよう。忙しい1日が始まる前に、朝起きたらしっかり抱っこしたり、一緒に本を読んだりすると、子どもの心は幸福で満たされる。子どもがめそめそ泣き出したら、離れて様子を見るのではなく、子どもを抱きしめて、心を落ち着かせるのを手伝おう
◉「好き」と伝えたくて、そっと手を触れたり、ずっと一緒にいる子もいる。たくさん触れて、愛していると伝えてあげよう（詳しくは、ゲーリー・チャップマン著『愛を伝える5つの方法』（いのちのことば社）を）
◉内向型の子どもには、グループで何かするというだけで負担になることも。最初は大人のそばにいるとか、その集まりにいる時間を短くするとか、その

子ができるようにしてみよう

●子どもが安心できるように

◎初めて行く場所のときは、到着したら軽くその場所をまわってみて、どこに何があるかわかるようにしておく

◎大人がそばを離れるときは、黙っていくのではなくちゃんと子どもに伝える。「ちょっとトイレに行ってくるね。2分で戻るよ」。子どもは泣くかもしれないが、そういうふうに声をかけて行ったときには必ず戻ってくるとわかると、大人を信用するようになる

◎パーティやグループの集まりには、早めに到着するといい。すでに人がいっぱいでざわざわしている部屋に入っていくのが苦手な子もいる

いまはくっつき虫でも、子どもに安全な場所を教えればほんのちょっとだけお出かけすることができるようになるでしょう。そのうちもっと遠くへ出かけるようになってからも、ちゃんと元気な姿を見せに戻ってきます。

スマホやタブレットはどうするか

モンテッソーリでは、小さな子どもには手を使った直接的な体験を多くしてほしいと考えています。画面では五感を刺激することにはなりません。

スマホの制限について詳しく知りたいなら

『子どもはなぜモンスターになるのか　脳を蝕む生活習慣から子どもを守る232の方法』（スー・パーマー著、小学館）という本がお勧め。子どもとテクノロジーとの関わりについて現実的に、前向きに考える内容です。

「スクリーンフリー・ペアレンティング」というウェブサイトには、スマホやタブレットを使った子育ての悪影響について調べたことがたくさん掲載されています。そのなかからいくつか紹介しましょう。

◉小さい子どもは画面で見た言葉を学んでいない。**子どもは人との関係で最も言葉を覚える**

◉画面を見ることが子どもの睡眠や集中力に悪影響を与える

◉子どもの健康への悪影響も懸念されている。画面を見ている時間を、外遊びや活発な運動にあてるほうがよい

画面を見る代わりに何をすればいい？

見たくならないように、スマホやタブレットは手の届かないところに置きましょう。大人も子どもがそばにいるときには使わないようになります。

カフェで子どもが退屈していたら、一緒に調理場を見に行ったり、本を持ってきて一緒に読みましょう。

子どもが騒ぎ出すからとスマホを見せるのではなく、子どもの気持ちを知る方法や、落ち着かせ方、困ったときにはどうするかを第6章で知っておきましょう。

第8章

「大人」になる準備

大人も「大人」になろう

モンテッソーリ博士は、大人のほうにも大人であるためにするべきことがあるとちゃんと気づいていて、それを**「大人の準備」**と呼んでいました。つまり、親はどうすれば子どものいちばんのお手本になれるのか？　ということです。おうちで、子どもが突拍子もないことを始めても、穏やかでいられるでしょうか？　そんなとき、どう対処すればいいのでしょう？　その次はどんな難問がやってくるのでしょうか？

モンテッソーリでは、「完璧な親」を目指す必要はありません。わたしも昔は、見かけだけでも完璧な親になろうとしたことがありました。でも頑張れば頑張るほどストレスを抱え、家族とは心が通わず、あれやこれやと心配ばかりしていました。そうではなく、**一緒にいてリラックスし、楽しめる家族**を今日から目指しましょう。この章で紹介する方法を使えば、もっと落ちついた親になれますよ。子どもをサポートし、ガイド役になれる、落ちついた親になりましょう。

わたしが学んだことが、どこのおうちにもあてはまるわけではないでしょう。わたしは、どう生きるべきかを説くつもりはありません。ただ、親として、またモンテッソーリスクールの教師としてのわたしを助けてくれた経験を、ここで紹介しましょう。

自分のケア

自分の体や心、気持ちがいつも強く健康でいられるようケアしましょう。家族の健康を守るのなら、自分の健康も大切にしなくてはいけませんね。

体にいいものを食べましょう。少し運動もしましょう。自転車で走ったり、公園で子どもと追いかけっこしてもいいですね。毎日外に出るようにしましょう。誰にも邪魔されずにゆっくりひとりでお風呂に入る時間を作りましょう。その日を楽しく、穏やかに過ごせる方法をいつも探しましょう。

自分のことを優先するなんて、と思うかもしれません。でもそんな罪悪感は捨てましょう。自分を大切にする姿は、むしろ子どもにとってよいお手本になると考えましょう。

学ぶという姿勢を作る

お金をもらう仕事をするにはそれなりの訓練をするものですし、子どもを教える教師には常にプロとして学んでほしいと思うもの。同じように、わたしたち親も学んでいたいですね。この本を読むことも、子育てについて学ぶ姿勢を作ることですね。

つらいときは

疲れた、もう無理だと思ったら、誰かに助けてもらいましょう。限界を超えて頑張っても長くは続きません。子どものおじいちゃんやおばあちゃんでも、家族ぐるみの友だちでも、もちろんパートナーでも構いません。子どもも、世の中には親のほかにも信用できる人、一緒にいて安心できる人がいると学ぶことになります。助けてもらうことは、子どもにとっても大人にとってもウィンウィンなのです。

気持ちがどうしようもなく落ちこんだら、すぐ病院へ行きましょう。いい方法がないか聞くだけでも楽になります。わたしも、子どもたちがどちらもまだ2歳前の頃に、このままではうつになってしまうと病院へ駆けこんだことがあります。話を聞いてくれる人、子どものひとりを見ているあいだ、もうひとりを見てくれる人がいると、気持ちはぐっと楽になります。もしうつが疑われるなら、どうすればいいかはお医者さんが教えてくれるでしょう。

1日の始まりと終わりをきちんと

わたしは朝と夜にいつもすることを決めていますが、それがあるおかげで子どもたちの前で親としていられるように思います。絶対にそれをすると決めているわけではありませんが、だいたい毎日やっていますね。そうすることで、毎日の出来事にただ振り回されるのではなく、日々をどう過ごすかしっかり意識して暮らせるのです。１日の始まりに心を整えれば、そのあともずっと落ち着いて過ごせます。

家族より先に起きるのが難しいなら、朝の時間を家族も一緒に楽しめるよう工夫してみましょう。子どもをお布団でぎゅっとするのでもいいし、起きたらベッドで本を読むのでもいいし、朝ごはんはみんなで一緒に食べるとか、いつも楽しい音楽をかけるとか、朝の支度をしながらみんなでゆったりとコーヒーや紅茶を飲むのもいいですね。

そんな時間はないよと思うかもしれませんが、その時間を大切にすることはできます。新聞を読んだりＳＮＳをチェックするよりも、わたしは自分のためのことを先にやるようにしました。それだけで、自分の心をいちばんいい状態にすることができたのです。

自分を大切にするために、朝と夜に自分の時間を作りましょう。家族の世話をするのと同じように自分自身をケアすれば、みんなが楽しく過ごせるのです。

ほかにこんな学びも

◆その子らしい成長についてもっと気づく

◆その子がほかの子と違うところを調べ、必要なサポートを受ける

◆ポジティブ・ディシプリン（罰によらないポジティブな子育て）や、非暴力コミュニケーションの講座を受講する

◆子育てについての本などを読む（巻末に紹介あり）。インターネットやオーディオブックもお勧め

◆子育てとは関係のない内容の本を読む。それが自分の豊かさにつながる

◆自分の直観を信じる。頭で考えすぎていたら、脳みそをいったんオフにして、直感の言うとおりにしてみるのもひとつの方法

いまこの瞬間を生きる練習

大人として、親として、いろいろな人と関わり、いろんな立場に立っていると、いまこの瞬間を楽しむことは難しいですね。いまを楽しむ練習をしてみませんか。

○いちどにひとつのことに集中する

キッチンで料理をしているとき、背中を向けた状態では子どもがその日の話をしてくれていても聞けていないもの。いっそのこと、その話はちゃんと聞きたいからこの作業が終わってからにしてね、と子どもに言ってみよう。あるいは、完全に手を止めて話を聞いてから、また作業を始めてもいい

○ノートを使う

わたしは子どもたちとボードゲームをしているときや、クラスで子どもたちを見ているときなどにふと思いついたことがあっても、ノートにメモするだけにしている。子どもの様子を見ながら考えるのではなく、あとからメモを見てじっくり考える

○電子機器はうまく使う

わたしは携帯もタブレットも楽しむ。でもいったんいじり始めるとなかなか切れないもの。そこで自分の携帯は寝室の奥の、近くを通っても簡単に手に取れないようなところに隠している。携帯を使うときは1つの用事だけ、別のア

わたしの場合

◆朝、ベッドのなかで横になったまま瞑想をする。これは楽にできる。すごく集中できる日もあれば、落ち着かなくて呼吸に意識を集中させなくてはいけない日もある。瞑想をすると、何かあっても大騒ぎしないようになる。1日中ばたばたしていても、朝の落ち着いた時間を思い出すとふっと心が落ち着くもの

◆5分間、何か書く。うれしかったこと、好きなもののこと、1日を楽しくしてくれそうなもののこと

◆もう少し時間があるなら、自分の着替えをする

こういったことを全部やる前にみんなが起きてきたら、素敵な家族がいて、自分のところへ向かってくる足音が聞けるなんて、自分はなんてラッキーなんだろうとあえて思うようにしていました。

1日の終わりにはひとりでお風呂で本を読む。それから、その日あった素敵なことを3つと、翌日の目標を1つ書き出しました。

プリは立ち上げないと決めている

○心を落ち着ける

電子機器がなくても、心はあちこちをさまようもの。いま、この瞬間に気持ちを置くのはとても難しいこと。ふいに昔のことを思い出したり、ずっと先のことを計画したり。自分で自分の心を落ち着かなくしているのだ

観察

第5章でも触れたように、モンテッソーリでいちばん使うのは観察です。おうちでも事実だけを観察し、こういうことだろうという決めつけや思いこみ、分析はやめましょう。

あらためて、観察がどう役に立つのかを挙げておきます。

◉状況だけで決めつけないようになる。子どものすることで大人がカッとすることもなくなるし、反応するのではなく、対応することができる。「あの子はいつも床にボウルを落とすんだから、まったく」ではなく、「ボウルが床に落ちた」という観察を

◉いつも新たな目で、子どもを客観的に見られる

◉よりいまのことに集中し、子どもや自分たちのまわりを詳しく見られるようになる

穏やかな瞬間を
たくさん作るには

何をするにもゆっくりとし、子どもを観察し、子どもの視点で考えるとうまくいきます。心のなかに穏やかな空間をもっと作ることができれば、子どもが困っているときにも、その空間に心を落ち着けて、落ち着いてガイド役を務めることができるのです。

◉子どもの視点で考え、より理解できるので、子どもと深く結びつくことができる

不安に思うなら、ノートを手に持って観察します。手がふさがった状態で、メモを取らずに観察だけ。子どもの行動を分析せず、ただ観察することを楽しみましょう。

いま、目の前のこの瞬間に、心配しなくてはいけないことはひとつもありません。この本を手に持って、ゆっくり深呼吸してみてください。その短い時間のあいだに、悩むことなど何もないでしょう。しっかりと地に足をつけて、いまこの瞬間を生きましょう。自分の心が落ち着くと、とてもいい気分ですよ。

その穏やかな空間でもっと長い時間を過ごせたらと思いませんか？　練習すればできるようになりますよ。

「心のバケツ」をいっぱいに

誰の心のなかにも、感情を入れるバケツがあります。心のバケツは、体が安全で、心が安心していて、愛されている、受け入れられていると感じていれば満たされています。でもそのバケツには、いつも継ぎ足しが必要です。心のバケツをいっぱいにしないまま放っておくと、人はつい反射的になってしまいます。

心のバケツを満たす工夫

◆紅茶やコーヒーを淹れる
◆音楽をかける
◆遠くに住むおじいちゃんやおばあちゃんとオンライン通話で話をする
◆外に出る
◆近くにいる友だちを呼んで食事する
◆パンやお菓子を焼く
◆夜にお出かけする（ひとりでも、パートナーとふたりでも、友だちと一緒でも）
◆友だちと子どもを交換してお世話する

心のバケツは自分でいっぱいにしなくてはいけません。自分で自分を大切にし、必要なサポートや手助けをちゃんとまわりに求めることができるようにしましょう。心のバケツを満たしてくれるのはパートナーの存在だけではありません。少しの工夫で、いくらでも見つかりますよ。

　自分のバケツがいっぱいなら、子どものバケツをいっぱいにしてあげることも簡単です。いちばん楽にできる方法は、子どもとの結びつきを作ること。大切な家族のひとりだと思っていることを子どもに伝え、子どもをあるがままに受け入れましょう（詳しくは第5章を）。子どもと一緒に本を読んでもいいですし、パジャマに着替えたらぎゅっと抱きしめて大きな声で笑いましょう。そうすることで子どもの心のバケツは満たされますし、同時に大人の心のバケツも満たされます。バケツがいっぱいなら、子どもはその日一日、より活き活きと、反発も少なく過ごせるでしょう。

わたしにとって「ゆっくりする」とは

◆クラスの指導を終えて帰ってきたら、あわてて家事に取りかからず、まず紅茶を入れて座る

◆その時間を豊かにするために音楽をかける

◆いろいろな料理を準備しながら、作る過程も楽しむ。食べるときにはどんな味だったかちゃんと覚えておく

◆カレンダーに予定を詰めこみすぎない。予定が少ないほうが、あっちへこっちへと走り回らなくて済む

◆人の頼みに「ノー」と言えば、家族や友人との時間にたくさん「イエス」と言うことができるし、ソファでのんびりできる

◆どんな仕事をするかきちんと選び、楽しめるもの、その後につながるものだけにする

◆毎晩読書をする

ゆっくりと

ゆっくりと、というのは子どもや家族と一緒に日々を過ごすうえでとても役に立ちます。

わたしたちは毎日を大急ぎで駆け抜けるあまり、いつも何か忘れてはいないかと不安になっています。でも、日々をゆっくりと過ごしながら、五感をたっぷりと活用したほうが、得るものは大きいのです。雨のにおいで嵐に気づいたり、街なかを自転車で駆け抜けながら肌に風を感じたり、あわてて口に突っこまず、一口ひとくちを味わって食べましょう。

自分にとって本当に大切なことや、後回しにしてもいいこと、心配しなくても自分に起こりはしないことは何なのかを、しっかり見極めなくてはいけません。

子どもは、大人がゆっくりと進めるのを喜びます。そのほうが子どももまわりのことに夢中になれるからです。

たとえば、

◉着替えのとき、まず子どもにひとりでやらせてみる。手伝いが必要なら一緒に、ゆっくりと、正確な動きをしてみせる

◉カゴやトレイの運び方を、大人がゆっくりとしてみせる。両手を使って、子どもがちゃんとできるように

◆週末は行ったことのない場所に行く。自然のなかで気力を取り戻す。全部見ようとするのではなく、ひとつのことに集中する。なんでもシンプルな方がいい

参考になる本

カール・オノレイ著『スローライフ入門』（エムオン・エンタテインメント）には、たくさんの例が紹介されています。特に科学的な根拠があるわけではなく、著者がゆっくりやることをモットーとしていろいろなことに挑戦してみたお話です。わたしは最終章が大好き、といったらネタバレになるでしょうか。結論としては、何でもゆっくりとやるのがいちばんだ、ということ。いつもゆっくり過ごしていれば、本当に急がなくてはいけないときには子どもも協力してくれますよ。

◉椅子を、両手を使ってゆっくりと動かす

◉一緒に歌うときはテンポをゆっくりにし、踊りもゆっくりにする。子どもは動きをちゃんと見られるし、歌や踊りに乗りやすくなる

◉子どもに何かしてと頼む場合。たとえば食べるときは座りましょうと言ったら、頭のなかで10数える。座ってと何度も繰り返して言わない

◉子どものやりたいことをさせるためには、なにごともゆっくりと（第5章参照）。その子のペースで、急かさず、遊んだり調べたりじっくりできる時間を取って

最後にもうひとつ。子どもがいますぐに危険にさらされているわけではないなら、頭のなかで3つ数えるまで待つくらいの時間はあるもの。ゆっくり待ちましょう。なんでもゆっくりやっていれば、何かあっても振り回されず、ちゃんと考えて行動できます。

子どものガイド役として

息子が1歳の頃、わたしは『子どもが聴いてくれる話し方と子どもが話してくれる聴き方大全』アデル・フェイバ／エレイン・マズリッシュ共著（きこ書房）という本を読みました。

わたしにとっていちばん大きな学びだったのは、**親としての自分の役割は、**

ガイド役とは

◆子どもが自分でできるようなスペースを作る
◆子どもが必要とするときにいつでも手を貸せる
◆尊敬でき、優しくて、きっぱりとしている
◆必要なときに、子どもが自分の責任を取る手伝いをする
◆安全で豊かな、探検できる環境を作る
◆話を聞く
◆その場の思いつきではなく、きちんと考えて行動できる

疲れたと感じたら、おうちや環境を変えてみる

◆子どもが大人に頼りすぎてい

子どもの問題にいちいち首を突っこんでさっさと解決することではないということでした。むしろ、親は後ろにいてサポートし、子どもの声を響かせ、子どもがその日にため込んだ不満を思いきりぶちまけられる場所になることだというのです。

これは衝撃でした。と同時に、わたしの肩から大きな重荷が外れました。**大人は子どものガイド役であり、種をまく係だけれど、種は勝手に育っていく**のです。わたしたち親はそれを後ろで支え、本当に必要なときに、必要なことをほんの少し助けるだけでいいのです。

子どもに命令したり、指示を出したり、子どもが自分で学べることまで全部教えようとするボスは要りません。その逆に、子どものために何でもかんでもやろうとする召使いも要りません。

大人はただ、子どものガイド役でいればいいのです。

おうちをうまく使う

モンテッソーリスクールの教師は、教室をもうひとりの教師のようにうまく使います。おうちでモンテッソーリを行う場合にも、家が大人の助けになるように使いましょう。第4章でも紹介しましたが、ここでもいくつか取り上げておきます。子どもが使いやすいように変えると、大人が楽になるのです。

ると思ったら、毎日のリズムのなかで子どもがひとりでできるやりかたはないか考える

◆子どもがひとりでもできることを大人がいつも手伝わなければいけないなら、少し変えて大人の負担を減らせる部分はないか見てみる。たとえば、シリアルの容器にシリアルスプーンをつけて置くようにすれば、子どもは大人の手を借りなくても自分ですくってお皿に入れられる。子どもがティッシュを抜いて遊んでしまうなら、中身を少しだけトレイに乗せ、箱は手の届かないところに置く。どうしようもないと思いこまず、いろいろ試してみよう

◆なんでもつい「ダメ」と言っているなら、ダメじゃなくなるように環境を変える

◆暇さえあれば片づけをしているなら、出しておくおもちゃの数を減らしてみる。使うものをよく考え、子どもがもう遊ばなくなっているのはどれか観察する。あるいは、使い終わったら自分で片づけるというスキルを子どもに教える

正直に

子どもはこうしなさいと口で言われることよりも、大人の姿を見て覚えるほうが身につきます。だからこそ、子どもには正直に接するようにしましょう。この家では正直であることがとても大切なのだと、大人の姿から学んでほしいものです。その場しのぎの嘘はやめましょう。

実は、人に優しくしながら正直であるというのはかなり難しいことです。それでも、正直でいようとする姿勢は、子どもへのお手本になります。

生き方も選択も、自分が決めたこと

生きていくうえで難しいことや頑張らなくてはいけない、自分ではどうしようもないことはたくさんあります。とはいえ、人生の頭痛の種は、自分の行いの結果だということもわかっているでしょう。

庭つきの家に住むと決めたなら、庭を手入れしなくてはなりません。都会に住むと決めたなら、家賃が高いのはしょうがない。公立ではなく私立の学校に子どもを通わせると決めたなら、教育費はかかります。だからといって、そんなことはやめればよかったというわけではありません。そういった選択をできたこと自体はとても幸運なのですから。それなら、自分の選択を認め、その結果に責任を持ちましょう。

大人がどう責任を受け入れているかを、子どもは見ています。困ったときは、あえて自分の気持ちを口に出してみましょう。「また電車が遅れた！都会に住んでると電車は便利だけど、今日みたいなのは我慢できないな。次はもっと早く家を出よう」。自分自身を客観的に、少し距離を置いて観察すれば心は落ち着きます。そこから次につなげましょう。

「やらなくてはいけない」と思うことをやめて、「やりたいからやっている」と考える手もあります。「シャツにアイロンを掛けなきゃ」「子どもの晩ごはんを作らなきゃ」「さっきの電話をかけなおさなきゃ」「もっと子どもをよく見てなきゃ」、その「～しなきゃ」をやめましょう。ごはんを作るのをやめるとか子どもから目を離していいというわけではありません。作らなきゃいけないから作るのではなく、子どもに栄養のあるものを食べさせたいと思って作る、つまり**自分が選択したことだと思う**のです。子どもを安全に、安心して成長させたいから、子どもから目を離さないようにする、それは自分が選んだことなのです。

意識を変える

「しなきゃ」という言葉が出てくるのは、それが自分にとって大切なことだとわかっているからです。そこを工夫しましょう。変えられないことは、工夫のチャンスです。フルタイムで働いているなら、週末や晩ごはん、お風呂、朝、子どもを送っていくことも、自分がやりたくてやっているという意識に変えましょう。

失敗から学ぶ

子どもがうるさいからかっとなった、地図が見づらかったから道を間違ったと、失敗したことを誰かのせい、何かのせいにするのは簡単です。でも自分の選択に責任を持つなら、失敗も自分の責任ですよね。ときには我慢がきかない日だってあります。失敗する日だってあるでしょう。子どもやパートナー、あるいは自分自身をがっかりさせるようなことをしてしまったりもします。

失敗するということは、謝るチャンスがあるということです。失敗しないためにはどうすればよかったかを考えるチャンスができたということでもあります。わたしはいつも子どもや、まわりの人にこう言います。「ごめんなさい。こんなことするべきじゃなかったね。～って言えばよかったんだね／～をすればよかったね」。こういう言い方から、子どもは人のせいにしないやり方を覚えます。大人も失敗して覚えるんだな、でもいい選択をしようとしているんだなと、子どもは見ています。それにもちろん、親だって、誰だって、完璧な人間はいないんだということも。

自我

いまの自分をほめる

大人はいまの自分に足りない部分をもっと良くしようと必死です。わたしも、もっと学ぼう、子どもにとってよいお手本になろうとするあまり、いまの自分を知り、受け入れることを忘れがちです。

自分自身に、こう言っていま

自分の選択の結果を受け入れ、自分が自分であることをほめられるようになると、大人のなかにも自我が芽生えます。モンテッソーリでは、それも自己観察すべき点だと考えています。

子どもに我慢の限界を試されていると気づいたら、これ以上はダメだと優しく、でもはっきりと言えるようにしましょう。無理に我慢したり、腹を立てたりしていたら、子どもに落ち着いて手を貸すことも、的確なガイドでいることもできませんからね。

我慢の限界はあってもいいのです。それも自分自身や自分の必要なことに気づくことですし、子どもやほかの家族のやりたいこととのバランスをとる必要もあります（詳しくは第9章で）。

いらいらしてきたら、自分自身をよく観察しましょう。子どもの問題を自分がひきうけていませんか？　その問題が、自分自身の嫌な部分に触れていませんか？

一歩下がって、状況をじっくり見てみましょう。問題を書き出して、あとで冷静になってから考えてもいいでしょう。自分に味方をして、どの部分でうまくいっていないのか（もっと結びつきが必要とか、もっと世話をしなくてはいけないとか）を見極め、そこからどうしたらいいか、対策を考えましょう。

それからまた子どものガイド役に戻りましょう。寄りかかってもびくともしない岩のような、自信を持ったリーダーになりましょう。

すか。「わたしは、わたしのままでいいんだよ。いま、精いっぱいやっているよ」

人はみな、水がいっぱいに入ったコップだと思ってみてください。隣にあるコップがパートナーのものでも、子どものものでも、仕事という名のコップであっても、そこから自分のコップに注いでもらうことはありません。自分のコップは何をしなくても、いつもいっぱいなのですから。

そう考えるとほっとしませんか？　だからといって学ぶのをやめたり、もっと良くしようと思わないわけではありません。でもいまここにいる自分でいいのだと思って、安心できれば、もっと、子どもたちと共に生きる自分の人生を頑張れるのです。

子どもたちもまた、水がいっぱいに入ったコップです。子どもたちは子どもたちで、いまこの瞬間を精いっぱい生きています。子どもにいらいらさせられたり、怒ったりしなくても、ちゃんと支えてあげましょう。

ずっと練習

この本に出てくる方法は、練習が必要です。子どもにモンテッソーリで接するのは、外国語を覚えるのと同じこと。だからたくさん練習してください。わたしも、まだまだ練習中です。子どもたちはもうすぐ大人になろうという年齢ですが、わたしはいまもなおモンテッソーリスクールの教師として勉強の毎日なのです。

でも、1日終えるごとに、それが簡単に、自然になっていきますよ。

「子どもが調和のとれた成長をし、大人は大人で自分をよりよくしていく。素晴らしく魅力的な光景だ……これこそわたしたちが現代に必要としている宝物である。子どもが大人から自立し、自分自身の道を歩くよう手助けをすることで、大人は子どもから明るい希望の光を受け取ることができるのである」

マリア・モンテッソーリ博士『平和と教育―平和を実現するための教育の意義』（エンデルレ書店）

第9章

一緒にやってみよう

家族の形は違っても

家族にはいろいろな形がありますが、自分の家族がどんな形であれ、同じ家で一緒に暮らす人と、地域の人で共に生きていくことはみな同じです。これを大きな意味での「ファミリー」と考えましょう。

家族というものについて、疑問に思うことはありませんか。

◉この本で知ったモンテッソーリを、ファミリーに取り入れてもらえるだろうか？　どうすればみんなで取り組むことができるのか？

◉自分の家族の価値観って、何だろう？

◉自分は、子どもと話すのと同じくらいファミリーと話をしたり、聞いたりしているだろうか？

◉子どもが主導の子育てのなかで、大人の気持ちはどうすればいいの？

◉もし、子どもが片方の親の方が好きだったら？

◉祖父母やベビーシッターなどに、モンテッソーリを取り入れてもらうには？

◉親が別々に暮らしていたら？　別居は子どもに影響を与える？　それを子どもにとってポジティブな影響にするにはどうしたらいい？

どれも重要な疑問です。モンテッソーリに関わることから見ていきましょう。

離婚は悪いことじゃない

両親が別々の道を行くことを決めても、子どもがそれぞれの親の家で過ごせるように取り決めることはできます。どちらの親も子育てに関わり、親としての責任も、子どもと過ごす時間も同じくらいに分けあえるように決めるのが理想ですね。

片方の親がいないことが子どもにとって医学的にも心理学的にも特に問題はないが、両方の親が子どもにとってそれぞれ重要な役割を持っていると、１９００年代のモンテッソーリ博士はすでに気づいていました。子どもの安全が何より大切だということも。

子どもにとって大切なのは「変わらない」ことです。どちらの親とも、いつも通りに過ごして、次は何をするか子どもにわかるようにしましょう。

親も人間

何もかもを子どものためにしてしまうのは簡単なこと。大人がやりたいことを我慢してばかりいれば、自分のために何かするのは罪悪感を覚えるでしょう。

でも親も人間です。したいことだってあります。子どものやりたいようにさせるというのは、決して大人が自分のやりたいことをなかったことにすることではありません。子どもと一緒に楽しみましょう。必要なときは、はっきりとそう伝えましょう。

大人は子どもにたっぷり自由を与えましょう。でも自分にも自由が必要なことはきちんと言いましょう。たとえば、子どもが寝たあとはゆっくり自分の時間を過ごしたい、とか（巻末の「感情の一覧」も参考に）。

大人同士の関係作りにも、ちゃんと時間を作りましょう。パートナーだって人間です。大人の時間だって大切。ふたりが愛し合っていなければ、そもそも親になれなかったのですから。それなのに、大人の時間は後回しにされることが多いですね。

そして、子どもと真摯に向き合いましょう。まだ小さいから何もわからないだろうと決めつけてはいけません。とはいえ、詳しいことまで全部知らせる必要もありません。年齢に応じて、事実だけを伝えたり、子どもも話し合いに加えたりして、状況が変わるときは必ず子どもにも知らせましょう。

子どもがいる前で、別れようとする相手に優しくするのはなかなか難しいでしょう。相手を悪く言わないのはいちばん難しいかもしれません。いっそ子どもの前では少し距離を取って座るなどし、もめ事は後で大人だけで話し合いましょう。相手とうまくいっていないことは、子どもに言ってはいけません。子どもを巻き込むのは不公平でしょう。たとえ一緒に暮らさなくなっても、どちらもその子の親であり、ファミリーであることを忘れないでください。

この人だけ好き

小さな子どもは、片方の親だけを好きでいる時期があります。一緒にお風呂に入るのも、着替えさせるのも、布団をかけるのだってその人でないとダメ。その状態が続くと、もうひとりの親はどうしていいかわからなくなったり、なんであなただけと腹も立つでしょう。

こうすれば絶対にうまくいくという方法はないのですが、理由はいくつか考えられます。

○子どもは反応を求めている？

多くの場合、子どもははっきりとした愛情を感じたがると同時に、どこまで相手が我慢できるかを試している。いちいち子どもの言う通りにしなくてもいい。近づかないでと言われたら、その気持ちは理解しよう。「お手伝いが必要だね。今日はわたしが手伝うよ」。落ち着いて、優しい声で、自信をもってそう言いながらお世話をする

○家族に変化がなかった？

それまで家を空けることが多かった親がよく家にいるようになったとか、赤ちゃんが生まれたとか、引っ越しをしたとかいった大きな変化があるなら、この人でないとダメというのは子どもの意思表示かもしれない。何もかもが自分の思い通りにならないなかで、唯一自分で選べるのが親だったのだ。だからと

いって、子どもの言うとおりに、ひとりだけがお世話をする必要はない。ただ、ちゃんと理解しているよと伝えるために、しっかり抱っこするなど、いつもより強い愛情表現は必要だろう。子どもの視点で考えよう

子どもを人に預ける

子どもをほかの人に見てもらう時間を作るのもいいでしょう。祖父母に預けたり、ベビーシッターに来てもらったり、また子どもが保育園や学校に行っているあいだに自分のしたいことをするようにしましょう。

子どもも、まわりには親が信用して自分を預けられる人がいるのだとわかります。ほかの人から学べることもたくさんあるでしょう。まわりの人との交流から豊かな学びを得るチャンスなのです。

預けるときには、子どもも親を信用していないといけません。だから、わたしは行ってしまうけど大丈夫だよと伝えましょう。そのときは子どもも寂しくなるかもしれませんが、何も言わずに行ってしまうよりは気が楽なはずです。ふと気づいたら隣に親がいなくて、どこへ行ったかもいつ戻ってくるかもわからない方が、子どもにとってはつらいでしょう。

預ける人への信頼

この人は親が子どもを預けられるくらい信頼しているということは、子どもにも伝わります。子どもが通っていたモンテッソーリスクールの先生からのアドバイスは、預けるときには子どもに明るく、でも短く、バイバイと言うことでした。「楽しんできてね。またあとで」。わたしは、子どもを園に預けるときに毎日そう言いました。同じ言葉を使うと、預けられる子どもも安心できました。園が終わって、子どもがわたしのところへ走って戻ってきたときには、ぎゅっと抱きしめてこう言いました。「おかえり」。いなくてさびしかった、とは言わないようにしました。そう言われても、子どもにはどうしようもないからです。

子どもが知りたいのは、親はこの相手を信用している、だから子どももその人を信用していいんだよ、ということです。

ファミリーというチームを作る

人の内面を変えることはできなくても、モンテッソーリを取り入れてもらうことはできます。強制することはできませんが、モンテッソーリをわかってもらえないからといってがっかりすることはありません。

●まず自分から始める

ファミリーにわかってもらうには、自分がモンテッソーリをずっと続けることがいちばん。自分とは違う子育てをしていると気づいて、わたしにこう聞いてくる人もいる。「子どもが公園で興奮していても怒鳴りつけないんだね。それってどんなやり方なの？」。子どものお手本になるよう行動していれば、まわりの人にもそれが伝わるもの。興味を持つ人もいれば、そうでない人もいる。それでいい。

●違う方法で、ファミリーにモンテッソーリを教える

モンテッソーリについて取り上げた新聞記事を見せる。似た子育てをしている人のことを話題にする。この本を貸すなど、ゆっくりと、でも間違いのない情報を、理解しやすく、少しずつ聞いてもらえるペースで進めてみよう。

ファミリーとの話し方に気をつける

ファミリーにも、子どもとは落ち着いた口調で、それは間違っていると押しつけたり、悪口を言ったりせず、励ますように話をしてほしいと思いますよね。それなら、大人同士の会話でも、子どもにしてほしくないような話し方はやめましょう。相手を否定してしまったり、相手がいらいらしていて腹が立ったりすることもあるでしょうが、相手の悪口を言ったり、感じの悪い態度をとることはやめましょう。

●相手の気持ちを、子どもに代弁する

誰が正しいわけでも、誰が間違っているわけでもない。子どもの視点で考えることができるようになったら、ほかの大人の視点で考えることもできるだろう。ファミリーのしゃべり方や、子どもの扱い方が気に障っても、相手の意図を子どもにきちんとわかるように伝える。

「おばあちゃんはそのソファに乗ってほしくないんだよ」

「お母さんは、食べ物を投げないでほしいんだよ」

「ふたりとも、ずいぶんやりあっているね。手伝ってほしかったら言って」

公園でも、近所の人との話でも、意見が合わない親戚でも、やり方は同じ。

●ファミリーの価値観を合わせる

モンテッソーリについて学び、まわりの大人たちのあいだで合わせられる点はないか話してみよう。たとえば、子どもにとっていちばんいいことをしてあげたいというのはみな同じ。それに、思いやりのある、責任感のある子どもに育ってほしいというのも同じかもしれない。ただ、いろんなことに興味を持ってほしいとは思っていても、それぞれに我慢の限界は違うかもしれない。

ファミリーのなかにも、ひとりひとり違ったものの見方があるのだと子どもは学ぶ。そうすると、一緒にふざけたいときはこの人のところ、なんだか納得いかないことがあったときに駆け込むのはこの人のところと、子どもは自然に使い分けるようになる。

おじいちゃんおばあちゃん、ベビーシッター

この本を読んでいるのが子どもにとってはおじいちゃんやおばあちゃん、あるいはベビーシッターなど預かる側の大人なら、この部分は特にじっくり読んでください。この本で取り上げたテクニックは、子どもを預かる人ならみなやってほしいことです。

モンテッソーリは、自分の子育てや、これまで子どもを預かるときにやってきたこととはずいぶん違うと思うかもしれません。まずは簡単に始められることから紹介しましょう。

1．子どもをよく見る

ヒントはすべて子どもにあります。その子がいま興味があるのはなんだろう？　それをずっとやっていて大丈夫だろうか？　子どもが安全に楽しむためには、大人は何をしたらいいだろうか？

2．ひとりでできるか見守る

ごはんを食べるとき、着替えるとき、おもちゃがうまく使えなくて困っているときなど、少し待ってみて、ひとりでできるかどうか見守りましょう。ひと

家族のあいだで衝突がおこったら

大人の心配事、家族の誰かの心配事を共有するには、積極的に話を聞くテクニックを練習しておく必要があります。これは2017年にモンテッソーリ会議で行われたシーラ・エルワージー博士の基調講演で紹介された方法です。相手に20分時間をもらえたら、ぜひやってみてください。

最初の5分間、相手に心配なことを何でも自由に話してもらいます。こちらは話を聞き、相手の言いたいことを受け止め、相手がどんな感情に見えるかに注目します。

次の5分間は、こちらがいま聞いた話を確認し、それを聞いてどう思ったかを相手に伝えます。話を誤解していたら、相手はそこで訂正します。

そこで聞き手と話し手を交代。今度はこちらが5分間、気になっていることを話し、相手はひたすら聞きます。次の5分

りでできたときの満面の笑顔を見てみませんか？

３．子どもと一緒にできることはないか

自分が楽しんでいることが、子どもには豊かな体験になります。何か楽器はできますか？　子どもが触っても構わないような、手作りの作品はありませんか？　子どもに教えられるスポーツはありませんか？

４．外に出よう

家の中で遊んでいて何か壊しはしないかと心配だったり、子どもが楽しめるものがうちにはないと思うなら、ぜひ公園や広場に出かけてみましょう。小道を散歩したり、近くの店へ一緒に歩いていくだけでも構いません。子どもが見つけたものを、見て！　と持ってきたら、名前を教えたり、それについて知っていることを話してみましょう。

５．感想を伝えよう

単純に「上手だね」と褒めるのではなく、自分が見たままを子どもに伝えましょう。「ひとりでブランコに乗れるんだね」「丘の上まで走っていって、また走って降りて来たんだね。楽しそうだったよ」。余計な誉め言葉はいりません。上手にできたかどうかは、子どもが決めることです。

間で相手はいまの話をまとめ、どんな感情に見えたかを伝えます。間違っているところがあれば訂正します。

ここまでで20分。もう少し話せば解決しそうだと思うなら、同じ流れでもう20分話してもかまいません。

これを続けていくうちに、相手のことや、相手が何をしたがっているかが理解できますし、みな同じ人間で、同じようにやりたいことがあるのだとわかってくるでしょう。

コツ1

相手を攻めるような言葉は使わない。たとえば「思いやりがないわね」ではなく、「わたしにとって、思いやりはとても大事」と言う。自分の意見として伝え、よく考えたうえで、感情や要求をはっきりさせる。

コツ2

お願いはしても、要求はしない。工夫次第でいくらでも解決方法はあるのだから、他の意見も取り入れてみる。

巻末の「感情の一覧」も参考に。

6．そばにいるだけでいい、プレゼントはいらない

物をあげるのは楽しいものです。愛情を示す機会ですからね。でもおもちゃを増やすよりもっと愛情を示せるのが、一緒に過ごす時間です。何かあげたいと思うなら、おもちゃではなく一緒に行ける動物園のチケットや、ソファで一緒に座って読める絵本、あるいは自分が子どもを見ているあいだ親たちに食事に行ってもらえるような商品券にしませんか。

7．親と同じ価値観を持っているか

預かる大人と親のあいだでまず共通の理解を持ちましょう。秩序がほしい小さな子どもは、親と預かる人のあいだにずれがあればすぐわかります。でも全体図が同じなら、子どもは親とも、預かる人とも安心して関係を作ることができますし、細かいルールが預けた先で違っても慣れてくれます。

8．親に大切にされているというつながりを感じさせているか

ファミリーのあいだで意見がくい違うのは、そこに受け入れられたいという気持ちの表れでもあります。大人のなかにある子どもの心が、あるがままの自分で愛されたい、受け入れられたいと思っているからです。預かる側が子どもの親たちに、あなたの考えを理解しているよと示せば、大きなずれを生まずにすみます。

第10章

その先にあるもの

幼稚園／小学校に向けて

そろそろ幼稚園や小学校に通うという時期に入ったら考えておきたいことを紹介します。

最初にやることは、自立するためのスキルを学ぶことです。上着を着る、靴を履く、脱ぐ、鼻をかむといったことをひとりでできるようにしましょう。

次は親とは別に学ぶこと。特におうちでお仕事をするときに大人と子どものふたりきりが多かったなら、ほかのスキルよりもこれを先に身につけたほうがいいかもしれません。

最後に、人と関わるスキルを覚えておくと、学校でもうまく過ごせます。公園で、子どもが自分からしゃべったり、言い返したりできるように教え、ほかの人とどんなふうに話すのかを親がしてみせます。これができるようになると、子どもは学校でもほかの子とうまくやること、人に優しくすることを学べるようになります。

成長と共に

モンテッソーリ博士は子どもの成長を0歳から24歳までとし、科学的な観察

親と別々でいる練習

まずは、ほかの大人に家に来てもらって、一緒に遊んだり本を読んだりしてみましょう。子どもがほかの人に慣れてきたら、親はしばらく家の外に出てみましょう（もちろん、子どもにはちょっと出かけてくるよと声をかけてから。子どもが寂しがっても、ちゃんと言いましょう）。子どもは、親は必ず戻ってくると覚えます。これを繰り返して、離れる時間をだんだん長くしていきます。最終的には、学校にいるのと同じくらいの時間離れていられるようにしましょう。

を経て4段階に分けました。博士はこれを**「発達の4段階」**と呼んでいます。

24歳までを子どもととらえることに驚くかもしれません。ですが、脳科学の研究が進み、脳のなかで意思決定や社会的な行動をコントロールする大脳皮質は20代前半まで発達を続けることが現代になってわかりました。モンテッソーリ博士は約100年前から、そのことに観察で気づいていたのです。これに基づいて、子どもの成長を見ていきましょう。

幼児期（0～6歳）▼第1期

最初の6年間は子どもにとって身体的・生物学的に親から自立をする期間です。これは非常に大きな変化で、急激な成長をする時期でもあります。

子どもはこの時期に身体的な成長を遂げます。赤ちゃんが、大人から離れ、自分で歩き、しゃべり、ひとりで食べられるようになるのです。

自立に向かうとは、親にべったりくっつきたがるかと思えば、来るなと押しのけたり、何でも自分ひとりでやりたがったりする、言ってみれば自立の危機です。子どもはまた、自分のまわりの世界を試して、理解しようとしています。

吸収する精神もこの時期に出現します。子どもは生まれてから6歳までのあいだに、ありとあらゆる情報を吸収します。特に3歳まではまったく無意識のうちに、苦労もせず情報を取り込んでいきます。**「無意識の吸収する精神」**といったところでしょうか。3歳から6歳までは、子どもはこれと決めたことを意識

発達の4段階

発達はすべて6年ごとに区切られています。モンテッソーリ博士が子どもの身体的・心理学的・行動的発達についてまとめたものです。

的に学んでいきます。こちらは**「意識的な吸収する精神」**ですね。

お腹にいる頃からこの時期までは感覚を身につけます。0歳から3歳までは五感をフルに使って身の回りの世界を探検します。3歳から6歳はその感覚を分類していきます。たとえば、大きいと小さい、固いとやわらかい、ざらざらとつるつる、うるさいと静か、など。

この時期のベースになるのは、実際にそこにあるものです。自分の目で見たことがいちばん身につきやすく、それが実際に動いているのを見て興味を持ちます。ごっこ遊びをするようになるのは2歳半ごろから。自分が理解した身の回りの物事をもとに、お店屋さんごっこをしたり、家族ごっこをしたりするのです。

この時期はまた、子どもの個性が固まる段階でもあります。この幼い時期の体験が、大人になってから大きな意味を持ってくるのです。

そう、それはまさに、種をまく時期なのです。

児童期（6～12歳）▼第2期

第1期の子どもが身体的・生物学的な自立を図るのに対して、第2期の子どもは精神的な自立を図ろうとします。何でもかんでも知りたがり、物事の理由を聞きたがります。第1期とは違い、情報を吸収するだけでは飽き足らないのです。

2つの吸収する精神

子どもは0歳から3歳までは自分のまわりの物事を片っ端から吸収し、受け止めます。3歳から6歳は「なぜなに」の時期です。3歳までに吸収した身のまわりのことを理解したくて仕方なくなるのです。ほかの国の文化や地図、国旗、国の形などに興味を示すのもこの頃です。本を読んだり、字を書いたり、数字ブロックなどの物を使って計算することもおもしろがります。

教育を変える

現在の教育システムがいかに子どもをダメにするかは、親になると気づきますね。もともと産業革命の頃に工場労働者を育成するために作られた教育システムでは、子どもは並んで座り、言われたことを覚えてテストに合格すればそれでよかったのです。

第2期の子どもは、まわりの世界に対して自分の意見を持とうとします。モラルについても考え、なんでも白黒つけようとします。「これは正しいことか、間違っていることか?」「これはフェアか、アンフェアか?」と。

また、想像力を使って物事を見ようとするので、歴史や、未来に向けた計画の話がわかるようになります。この時期は大きなテーブルや床にグループで集まって一緒に作業するのが好きになる、協力の時期でもあります。

第2期の成長は急激なものではありません。だから親は、この安定した、大きな変化が少ない時期は気楽に過ごせるでしょう。第1期のうちに大人がはっきりと限界のラインを引いておけば、それがこの時期の基盤となります。第2期の子どもはどこが限界かを理解し、何かするたびに大人を試すようなことはしなくなるでしょう。

ここで芽が出て、ぐんぐんと強く伸びていくのです。

思春期（12～18歳）▼第3期

思春期は第1期と似たところが多くあります。親から見ると思春期の子どもも幼児も同じだといえば、きっとモンテッソーリ博士はうなずいたでしょう。

幼児から子どもとなり、思春期を通過する時期は身体的にも精神的にも大きく変化します。大人から離れ、ティーンエイジャーとなって社会的にも自立し、家族から離れていきます。でもときにはまだ家族でいたいと思い、でもすぐに

この本を読んでいるあなたも、自分で考えられる子ども、自分の疑問を調べ答えを見つけられる子ども、何かを生み出せる子ども、問題を解決できる子ども、まわりの人と協力して動いて、自分の行動にちゃんと意味を見つけられる子どもに育てたいと思っているのでしょう。

イギリスの教育者であるケン・ロビンソン卿のように、現行の教育システムに疑問を投げかけている人はたくさんいます。これまでの学校教育では、創造力を殺してしまうからです。子どもの学び方にわたしたち親が革命を起こさなくてはいけないのです。

わたしも、読者のあなたと同じです。わたしは幼児と赤ん坊を抱えて、どういう教育をすればいいか悩んでいました。理想に燃えていました。自分の子どもを、ただテストに合格するだけの人間にはしたくなかったのです。そこでたどりついた、古いシステムとは違う教育法が、モンテッソーリだったのです。

出ていきたいという気持ちと葛藤する。これは幼児の頃に「ひとりでやる！」と言い始めた「自立の危機」を、社会という舞台のなかでもういちどやっているのです。

わたし個人の考えですが、思春期とティーンエイジャーは決して恐れるべきものではありません。我が家にはいまティーンエイジャーが２人いますが、毎日楽しく過ごしていますし、一緒にいても楽しいですよ。

緑の葉が生い茂り、つぼみがついて、もうすぐ花開きます。

青年期（18～24歳）▼第4期

モンテッソーリ博士は、最初の３段階がすべてにおいて成長だとするならば、４段階目は仕上げだと言っています。ここでやることは精神的・モラル的な自立です。

ヤングアダルトとも呼ばれる、大人になりかけの子どもたちは社会の役に立とうとします。ボランティア活動や、青年海外協力隊のようなものに参加したり、大学に入ったり、仕事を始めたりもします。

かなり安定した時期であるところは第２段階に似ており、ヤングアダルトは筋の通った、論理的なものの考え方をします。仕事に勉強に、興味の赴くまま、深く探求しようとするのです。

脳も完成する頃でしょう。

完全に成長し、まだ世話をしたり目を掛けたりする必要はあるものの、もう完全に大人からは自立した状態ですね。

平和

世界にはびこる暴力に対して、自分は何もできないと無力を感じることはないでしょうか。いいえ、できることはあるのです。まず自分の子どもをもっと理解し、学ぶことから始めましょう。

自分の子どもの視点で理解できるようになれば、同じ方法でパートナーを、家族を、学校の先生を、友だちを、知らない人を、そしてここがいちばん大事なのですが、自分とは世界の見方が違う人を同じように理解していけるのです。

この本で覚えた、相手の立場に立って物を考えるというスキルを使ってください。一緒に座って会話をしたり、お互いに相手の話を聞いて、相手をちゃんと見ましょう。

モンテッソーリ博士は１９５２年５月６日、オランダのノールトウェイク・アーン・ゼーという町で亡くなりました。博士の墓石にはこう刻まれています。

「愛する全能の子どもたちよ、人類と世界がひとつになるよう、わたしと共にいてください」

発達の4段階

第１段階　０～６歳 ▶ 大人が種をまく

・体の成長、親からの自立
・吸収する精神
・まわりの世界について具体的なもので理解をする
・感覚を身につける
・ほかの子と多少の交流を持ちながら、別々に作業する
・急速な成長、変化

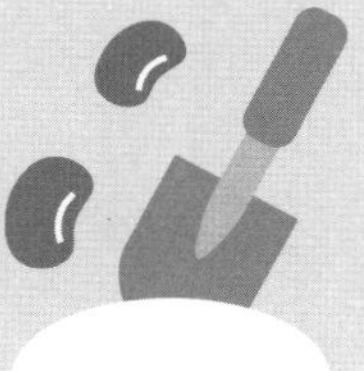

第２段階　６～12歳 ▶ 芽が出て高く、強く成長する

・精神的な自立
・モラル（善悪）の判断力が発達し、物事がどのように進むか、関連しているかを知る
・具体的なものから抽象的なものへの理解が進む
・想像を通しての学び
・少人数での共同作業ができる
・成長は少ないが、安定した時期

第３段階　12～18歳 ▶ 葉が茂る、つぼみがつく 成熟に近づく

・社会的な自立
・社会でどうあるべきかという概念の発達（どうやって世界を変えるか）
・まわりの人と理念や概念を共有する
・身体的・精神的に大きく変化する（第１段階に近い）

第４段階　18～24歳 ▶ 植物として完全に 成長した状態

・精神的・モラル的自立
・社会の役に立つ
・理論的・論理的な心
・より安定した時期（第２段階に近い）

幼児向け遊びのリスト

対象年齢	遊び	内容・用具	発達する分野
全年齢	音楽、ダンス、体を動かす、歌う	・楽器を演奏する ・美しい音楽を聴く（できればBGMではなく、聴けるものを） ・体を大きく動かしながら踊る ・歌を歌う	音楽、体を動かす
	本	・現実を舞台にした、子どもの生活に関連する本 ・赤ん坊には１ページに絵が１つのもの、そこから１ページに１語、１文、絵に１文添えたもの、簡単なストーリーがあるもの、複雑なストーリーがあるものへ ・子どもが表紙を見て選べるように並べる。数冊だけカゴに入れる、小さい本棚に並べるなど ・厚紙の絵本から始め、大きめの本、文庫本へ	言語
	リズム、言語	・詩、歌、リズムうた（日本では、わらべうたも） ・簡単で、長すぎない曲を ・現実的な歌詞を ・歌に合わせて手遊びや体を動かせるものを	言語
	自己表現	・昼間、子どもが大人と一緒にしたがることを ・まだ言葉が話せない子は、音や表情、舌を突き出すなどの遊びを ・言葉が話せる子は、単語、フレーズ、文章の言葉遊びを ・大人は子どもと目の高さを合わせ、適度に目を合わせて、一緒に ・子どもが口にした言葉を大人が繰り返しても ・身振り手振りや言葉で、子どもがしていることにとても興味があると示す	言語
１歳頃	らくがき	・四角いクレヨンや太い鉛筆（芯のやわらかいもの） ・紙：いろいろな大きさ、色、質感のものを ・テーブルが汚れないよう、下敷きやマットを	図画工作、自己表現
	イーゼルとチョーク	・小さい黒板や、チョークで描けるようになるペンキを塗った板など ・最初は白いチョークで描き、慣れてきたらいろいろな色や太さのチョークで描く ・小さい黒板消し	アート、自己表現
１歳頃から	輪なげ	・台座に棒を立てたものに、色の違う輪っかを通していく輪っかは４つか５つ ・輪っかは子どもが広げた手のひらより大きくないものを	目と手のつながり
	ボルトとナット	・ボルトとナットのセットを２種類程度 ・ナットをボルトにつけた状態から	目と手のつながり
	開けたり閉めたり	・カゴに家の中でよく使う、開けたり閉めたりできるものを２つか３つ入れておく。たとえば、装飾のついた箱やブリキの缶、ボタンで開け閉めするポーチ、メイク道具入れ、歯ブラシ入れなど	目と手のつながり
	言葉のカゴ	・同じジャンルのもののレプリカを３個から６個用意する。果物、野菜、服、動物園、牧場、ペット、虫、ほ乳類、鳥、脊椎動物、無脊椎動物、など	言葉の発達、言葉を増やす
	ペグボックス	・側面に穴が開いた木の箱の中から、ペグを取り出す	目と手のつながり、手でつかむ
	サイコロをはめ込む	・台座の穴にサイコロ型の木片をはめ込む遊び。木片はカゴにしまうか、はめ込んだ状態で置いておく	目と手のつながり、手でつかむ
１歳～１歳２か月	パズル	・型はめパズル ・現実的なものを題材にした絵で。動物やはたらくくるまなど	目と手のつながり、手でつかむ、形を認識する
１歳１か月頃	カギ	・カギをさして開けるタイプのもの　カギはひもをつけて	目と手のつながり
歩けるようになったら	テーブル拭き	・スポンジやふきんを、トレイかカゴにのせて ・スポンジ、ふきんは使ったら取り替える	環境を整える

対象年齢	遊び	内容・用具	発達する分野
１歳 ２か月頃 から	物とカードを あわせる	・物と、それを描いたカードのセットを作る ・物とそっくりに描いた絵か写真（できれば同じ大きさや色のもの）の上に、物を置く　絵や写真が見えないようにぴったりに	言葉、立体のものを 平面画像と結びつける
	物と似たもの のカードを 合わせる	・物と、それを描いたカードのセットを作る ・物によく似たものの絵を置く　色が違う、大きさが違うなど	言葉、物の本質を知る
	スライド式の 木製の箱	・蓋がスライドして開くタイプの木製の箱の中に小さなものを入れる　中身は入れ替えて	目と手のつながり、 手でつかむ
	ビンを 入れた箱	・木製の箱の中に小さなビンを３つ入れる ・ビンのなかにはそれぞれ違うものを入れておく	目と手のつながり、 手首の動き
	入れて落とす	・いろいろな形・大きさのものを入れられる箱 ・単純な形のものを入れて落とす箱と形のセットを作る。丸い形を入れる穴、四角を入れる穴、三角、長方形など ・だんだん難しくしていく。１つの穴で２種類の形を入れられるものから、４種類入れられるものへ、など	目と手のつながり、 手でつかむ、 幾何学の形の名前を 覚える
１歳２か月頃 から、しっかり 歩けるように なったら	植物に 水をやる	・トレイ（棚を傷つけないため） ・小さなじょうろ ・小さな容器に、小さく切ったスポンジを入れておく ・植物	環境の手入れ
１歳 ２か月頃 から	脱ぐ、着る、 服を片づける	・自分でコートを着る／脱ぐ、靴をはく／脱ぐ、服を着る／脱ぐ、脱いだコートをフックに掛ける、カゴに入れる	自分で自分のことをする
	手を洗う	・固形せっけん、液体せっけん ・タオル	自分で自分のことをする
	鼻を拭く	・ティッシュ（半分に切ってたたんでおく） ・鏡 ・ふたつきの小さなゴミ箱 ・大人が鼻を拭くところをしてみせ、子どもが自分で鼻を拭く	自分で自分のことをする
	歯を磨く	・洗面所、洗面台 ・歯ブラシ置き ・歯ブラシ、歯磨き粉 ・子どもに自分で歯を磨かせる、その後大人が仕上げ磨き	自分で自分のことをする
	木枠と 面ファスナー	・木の枠に布を留め、端を面ファスナーで留められるようにする ・面ファスナーの開け閉めの練習	自分で自分のことをする
１歳 ２か月から １歳 ４か月頃	登る	・ジャングルジム、木登りポール、壁登り、障害物コース、木	体全体を使った動き
	押す／引く	・手押し車を押す、ワゴンを引くなど	体全体を使った動き
	うんてい遊び、 腕をサルの ように使って 体を動かす	・うんてい、輪っか渡りなど	体全体を使った動き
	滑り台	上の台が広く、ひとりで滑れるよう幅のある滑り台が理想的。	体全体を使った動き
	走る	・コースに沿ってまっすぐ走る、コースの両はしにボールを入れたカゴを置き、子どもがボールを持って走って反対側のカゴに入れる	体全体を使った動き
	ジャンプする	・平らな床の上で線を飛び越えるようにジャンプする、両足でジャンプすることができたら、より高く跳べるように	体全体を使った動き
	自転車	・ランニングバイクや低い三輪車など、足で地面を蹴って進むものから。２歳半くらいからペダルで漕げるようになる	体全体を使った動き

幼児向け遊びのリスト

対象年齢	遊び	内容・用具	発達する分野
1歳2か月から1歳4か月	バランス	・平均台のような、木の板の上に乗る遊び。本やレンガを積み上げても ・最初は壁や平均台をつかんで、横向きに歩くことから。次に片手で平均台をつかんで、体を前に向けて歩く。そこから片足を平均台に、片足を地面につけて歩く。平均台に乗せる足を代えてみる。高さの違う平均台でやってみる。幅の広い壁などで、四つん這いで歩いてみる	体全体を使った動き
	ブランコ	・子どもがひとりで乗り降りでき、自分で地面を蹴ることができる高さが理想。座面に身体を乗せて自分で揺らしてもいいし、座って乗っても	体全体を使った動き
	そのほかいろいろな体の動き	・少し高さのある台（平均台など）のうえで体のバランスをとる、自分で自分の身体をコントロールする ・柳の枝などで作ったＹ字型のトンネル ・植木鉢の迷路 ・砂場 ・ボールやタイヤのブランコ ・木の枝や柳の枝などで作った自然のほら穴 ・流れる水	体全体を使った動き
	くぎに円盤をひっかける	・板にくぎを打ち、要らないCDなどの円盤を1枚から3枚ひっかける	目と手のつながり、 手でつかむ、 体の中心線を越える動き、 手首の動き
	斜めのくぎにひっかける	・板にくぎを斜めに打ち、円盤をひっかける	目と手のつながり、 手でつかむ、 体の中心線を越える動き、 手首の動き
1歳3か月から1歳4か月頃	葉っぱを洗う	・小さな葉っぱ型の皿を、皿より小さいサイズに切ったスポンジで洗う ・棚を汚さないようトレイの上で	環境を整える
1歳3か月から1歳半頃	掛け金をかける	・家具やドアなどにいろいろな掛け金を取りつける。チェーンをかけるもの、フックのもの、棒状のものなど	目と手のつながり、 手でつかむ
	髪をとかす	・鏡、ヘアブラシ ・トレイにヘアブラシ、小皿に入れたヘアクリップや髪ゴムなど	自分で自分のことをする
	輪っかをかける	・四角い板にはっきりした色のペグを3つ打つ ・3色の輪っか	目と手のつながり、 手でつかむ
1歳4か月から1歳半頃	粘土	・粘土遊び用のビニールマットか、カバーをかけた粘土用のテーブル ・容器に濡らした布でくるんだ泥粘土、もしくは紙粘土、あるいはプレイ・ドー（小麦粘土）かキネティックサンド ・切ったり、形をつけたりする粘土ベラ	アート、自己表現
	床の掃除	・ほうき ・地面に、ゴミを集める場所を示す円形の印を書く ・チリトリ、ブラシ	環境を整える
	拭き掃除	・ぞうきん	環境を整える
	モップ掃除	・子ども用のモップか、ぞうきんをつけるタイプの床用クリーナー ・モップをたてるスタンド	環境を整える
	植物のほこり拭き	・毛糸などで作った植物用ほこり拭き ・ほこり拭きを入れる容器	環境を整える
	木枠に服を着せる・ファスナー	・木枠に布を巻き、ファスナーで留めるようにする ・端にファスナーをつけて外れないように ・ファスナーの代わりに金属のリングでも	自分で自分のことをする
	ビーズ遊び	・ビニールひも（小さい子には扱いやすい） ・木製のビーズを5、6個、だんだん増やす ・難しくするには、ひもを太くする、ビーズを大きくする、靴ひもと小さなビーズにするなど	目と手のつながり、 手でつかむ、 両手を一緒に使う

対象年齢	遊び	内容・用具	発達する分野
1歳半頃から	花を飾る	・いろいろな花びんや花挿し ・花びんを敷くマット ・使いやすい長さに切った生花 ・へりのついたトレイ ・小さな水差し、じょうご、スポンジ ・じょうごを使って花びんに水を入れる、花を活ける、テーブルや棚の上にマットを敷いて、そこに花びんを運ぶ	環境を整える
	洗濯物を干す	・洗濯して濡れた状態のもの：ナプキン、ふきん、ぞうきん、エプロンなど ・洗濯ひも、洗濯バサミ	環境を整える
	庭のゴミを集める	・ゴミ ・子ども用の熊手、ブラシ、手押し車、ゴミ箱（コンポストなど）	環境を整える、外の仕事
	苗を作る	・植物の種：ガラスのビンに、成長した植物の写真を貼っておく。早く芽が出るものを選んで。（豆類、トウモロコシ、ラディッシュ、カボチャ、ヒマワリなどがお勧め） ・陶器や新聞、ピートなどでできた小型の植木鉢 ・小型のガーデニング用品 ・タオル、熊手、エプロン ・小皿をのせた小型のトレイ ・小型のガーデニング用トレイ、出窓や光が当たる場所で使う用の水差し ・庭の土、もしくは園芸用の土	環境を整える
	そのほか外の環境のためのこと	・庭を掃く ・熊手で落ち葉を集める ・土を掘り返す ・タイル、ガーデニング用テーブル、ベンチを拭く ・植物に水をやる ・花壇の雑草を抜く ・花、野菜、ハーブにそれぞれ必要な世話をする	環境を整える
1歳半頃から（水差しを運べる）	テーブルで手を洗う	・手を洗うための小さめの洗面器 ・水差し ・小さなせっけん、せっけん入れ ・エプロン ・手を拭くための乾いたタオル ・テーブルを拭くための手袋型ふきん ・汚れた水を捨てるためのバケツ ・手洗いが好きな子どもは、洗面台で行ってもよい	自分で自分のことをする
1歳半頃から	靴を洗う	・マット ・持ち手のついたブラシ、または靴磨き用のブラシ	自分で自分のことをする
	テーブルに食事の準備をする	・スプーンやフォークを入れたカゴ ・テーブルクロスを拡げる ・ナプキンを用意する ・おしぼりを用意する	食事の準備
	食事のあとの片づけ	・おしぼりで顔を拭く ・食べ終わった皿とスプーン・フォークをキッチンへ持っていく	食事の準備
	クラッカーの準備	・小さなバターナイフ ・バターを入れた小型の容器、ピーナッツバターなどクラッカーにつけるスプレッド ・クラッカーを入れた小さな箱 ・クラッカーに好きなスプレッドを塗り、座って食べる ・準備は立ってしても、座ってしてもよい	食事の準備
	オレンジジュースを作る	・オレンジしぼりかスクイーザー、子どもがひとりで使えるようなものを ・絞ったオレンジを入れる容器 ・飲むためのガラスのコップ ・オレンジを絞り、皮はゴミ箱に捨てる	食事の準備

幼児向け遊びのリスト

対象年齢	遊び	内容・用具	発達する分野
1歳半頃から	バナナを切る	・ヘタを切り取ったバナナ　子どもがひとりで皮をむけるような状態に ・まな板、バターナイフか刃のない子ども用ナイフ ・むいた皮はゴミ箱に捨てる ・切ってボウルに入れ、テーブルへ運ぶ	食事の準備
	コップに水を注ぐ	・蛇口から水をくむ、あるいは小型の水差しかウォーターディスペンサーを使う ・ガラスのコップ ・こぼれたときのために、スポンジか手袋型のふきん	食事の準備
	水彩絵の具	・トレイ ・水彩絵の具のタブレット ・水を入れた小型の水差し ・絵筆 ・こぼれたものを拭くためのぞうきん ・下敷き ・画用紙 ・絵筆を濡らし、絵の具をつけ、紙に描くところを大人がしてみせる	アート、自己表現
	物を分ける	・3つに分かれた皿に、同じ物を2種類混ぜて置く。貝殻、ナッツ類、植物の種、幾何学的な形など。4つずつ	触感を磨く、より分ける能力
	単語のカード	・子どもの生活に関係する言葉を書いたカード ・簡単な分け方から	言葉の発達、単語を増やす
1歳半から1歳10か月頃	木枠に服を着せる・ボタン	・木枠に布を巻き、端を大きめのボタンで留める ・ボタン穴はまっすぐに ・ボタンの練習	自分で自分のことをする
	木枠に服を着せる・スナップ	・木枠に布を巻き、スナップで留める	自分で自分のことをする
	テーブルを磨く	・トレイ、ボウル、せっけん、ブラシ、スポンジ	環境を整える
1歳半から2歳以上	鏡を磨く	・小型の容器に、有害物質が入っていない磨き粉 ・長方形のスポンジ ・手袋 ・道具を置くためのマット	環境を整える
	木を磨く	・子どもが扱いやすいような長さの木 ・有害物質が入っていない磨き粉。ビーズワックス（蜜蝋）がお勧め ・小皿 ・手袋 ・磨く道具	環境を整える
	のりをつける	・ハケを入れられるのりの容器、あるいは水のりを入れたビンなど ・のりをつける紙	目と手のつながり、手でつかむ、のりをつけて貼るスキル、指の動き、アート／自己表現
2歳頃から	皿を洗う	・テーブル、洗い桶2つ ・持ち手の短い皿洗い用ブラシか、小さいスポンジ ・旅行用サイズの液体ボトルに食器用洗剤を少量いれたもの ・水差し（プラスチックで透明のもの、水を入れる印をつけられるように） ・エプロン ・からぶき用に、乾いた手袋型ふきん ・乾いたふきん	食事の準備
	皿を拭く	・テーブルに乾いたふきんを拡げ、洗ったボウルやコップをのせる、ふきんで包むようにしてぎゅっと押しつけ、ふきんを外す	食事の準備

対象年齢	遊び	内容・用具	発達する分野
2歳頃から	窓を拭く	・水 200ml（酢を足しても）を入れたスプレーボトル ・小型のスクイージー ・セーム革か布	環境を整える
	布を洗う	・テーブル、洗い桶を２つ ・小型の洗濯板 ・固形せっけん、せっけん皿 ・水差し ・プラスチックのカゴを２つテーブルの両側の床に置く ・エプロン ・乾いた手袋型ふきん ・水分を移すための乾いた布	環境を整える
	ハサミを使う	・ケースつきの小さいハサミ ・手作りの封筒 ・細長い紙（インデックスカードなど）、１回で切れるサイズで	目と手のつながり、 手でつかむ、 切るというスキル、 手の動き
2歳頃から・言葉をしゃべれるようになったら	質問の練習	・洗濯ものをたたんだり、料理の下ごしらえを一緒にしているときの会話のなかで ・「バジルの種を植えたら芽がでてきたのを覚えてる？」「バジルの種はどこに植えたんだっけ？」「バジルを摘むときには、何を使うんだった？」 ・自然に、普通に会話をする調子で	単語、子どもの思考を 広げる、体験したことを 具体的に考える、 自信をつける、 大人が言葉の使い方の お手本を見せる
2歳頃から	縫う	・カゴか箱に、ハサミ、ひも、かがり針を入れた針ケースなど ・最初は幾何学模様の穴をあけた練習用のボール紙から始める。穴にひもを通しながら、四角を作ったり、円を作ったりする。その後刺繍やボタン付けをする	目と手のつながり、 手でつかむ、縫うスキル、 正確に手を動かす
	ナットとボルトの大きさを合わせる	・板にいろいろな大きさの穴をあけておく ・穴に合う大きさのナットとボルトをケースから選ぶ	目と手のつながり
	くぎに輪ゴムを広げる	・等間隔にくぎを打った板に、輪ゴムを拡げて模様を作る。長い１本のゴムでもよい	目と手のつながり
2歳半頃から	靴を磨く	・容器のなかに、靴磨きクリーム（少量）、.クリームを塗るための手袋、毛のやわらかいブラシを入れておく ・テーブルを覆うカバー ・外用の靴の場合、靴べら	自分で自分のことをする
	木枠に服を着せる・バックル	・木枠に布を巻き、端を 3、4 つのバックルで留める ・バックルの練習	自分で自分のことをする
	パンを焼く	・粉を量る ・材料を混ぜる ・パンを焼いた後、床を掃く、テーブルを拭く	料理の準備
3歳頃から	食器洗浄機から皿を出す	・洗い終わった皿を取り出す手伝い	家事
	リサイクル	・リサイクルできるものを分別し、収集場所へ持っていく	家事
	ベッドメイキング（カバーをかけるなど）	・自分のベッドにカバーをかける	家事
	ひとりでトイレを使う	・ステップや子ども用便座を使ってトイレを使う、おまるでする	家事
	料理を手伝う	・サラダを作るときに、材料をちぎる手伝いをするなど	料理の準備
	ペットのエサ	・小さなお椀に、ペット用のエサを出す ・イヌ用の水を入れかえる ・ネコ、ハムスターなど小型ペットにエサをあげる	家事
	乾いた洗濯物をたたむ	・乾いた服をたたむ手伝いをする ・たたんだものを人や色で分けたり、靴下をひと組にする、基本のたたみ方を覚えるなど	家事

幼児向け遊びのリスト

対象年齢	遊び	内容・用具	発達する分野
3歳頃から	リンゴの皮をむく、切る	・ピーラー、アップルカッター、果物の芯抜き ・まな板 ・まな板にリンゴを置いてピーラーで皮をむく ・アップルカッターを上から押しつけるようにすると、芯を抜いて食べやすい大きさに切れる ・ボウルに入れてテーブルに運ぶ	食事の準備
	お客様を迎える	・客用ベッドの用意をする ・客室を掃除する、おもちゃをしまうなど ・食事の用意を手伝う	家事
	ボードゲーム	・果樹園ゲーム、スナップ（同じペアを当てるカードゲーム）など、子どもの年齢に合わせたシンプルなゲーム	順番にやる、簡単なルールを理解する、楽しむ
	少し難しい縫い方、図画工作	・練習用ボール紙で、ハートなど少し複雑な形を作る ・ボタン付け、刺繍、クッションを縫う、いくつかの段階が必要なアート作品を作る	アート、自己表現
	自然を探検する	・近くの自然で、鳥、動物、植物、木などを観察する	植物、文化を知る、自然科学
	より難しいひも遊び	・靴ひもに小さめのビーズを通す ・刺繍針を使って短く切ったストローに毛糸を通す	目と手のつながり、手でつかむ
	ジグソーパズル	・少し難しいパズルに替えていく。ジグソーパズルや、ピースの多いものなど	目と手のつながり、手でつかむ、形を認識する力
	コルクボードで抜型をする	・コルクボード ・木の型 ・小さなくぎとハンマー	目と手のつながり
	針で刺す	・紙に形を下描きする ・下にフェルトを敷く ・ペン型の針 ・下描きに沿って紙を差していき、下のフェルトがその形に切り取られるまで続ける	目と手のつながり、手でつかむ
	わたしは見つける	・音と文字が連携するような言葉を使って	言語の発達、文字を読む準備のスキル
	カレンダー	・手作り、もしくは市販のシンプルなカレンダーで、子どもが月や曜日を入れ替えられるもの ・子どもの成長に合わせて、項目を増やせるといい	時間の感覚
	自由遊び、外遊び	・毎日、子どもが外で自由に遊べる時間を取る。何時までと決めずに	日常生活、外遊び、楽しむ
	WEDGiTS	・WEDGiTSという知育ブロックでいろいろな形を作る	モンテッソーリの遊びではないが、おうち遊びにぴったり
	大きなものを作るおもちゃ	・レゴブロック、マグナタイル、木製の積み木など。大人がきちんと選んで	モンテッソーリの遊びではないが、おうち遊びにぴったり
	ビー玉転がし	・子どもはビー玉転がしのコースを作るのが上手	モンテッソーリの遊びではないが、おうち遊びにぴったり

モンテッソーリスクールについて

モンテッソーリスクールに何を求めるか

「モンテッソーリ」という名前に著作権はないので、「モンテッソーリ」とうたう学校はたくさんあります。どの学校が本当にモンテッソーリ博士の理論を守っているか、調べるのは難しいでしょう。

見学などの際にチェックすべき点を10か所挙げておきます。

①その学校は物を触って手を使った理解を勧めているか。子どもは手で触ったり、調べたり、本物の道具を使って作業をしたりして、自分で発見することができているか

②道具や教具は、棚に子どもの手が届く高さに並んでいるか。教具はトレイやカゴにきれいに、興味を引くような形で並んでいるか、足りないものはないか

③ひとつのクラスに年齢の違う子どもが混ざっているか。3歳から6歳クラス、6歳から9歳クラス、9歳から12歳クラスなど、大きい子が小さい子のお手本になったり、お手伝いをしたりできるクラス編成になっているか

④お仕事は自由にできるようなスケジュールになっているか。子どもはやりたいお仕事を自由に選べるか、（理想的には）3時間くらいは何の邪魔もされずにお仕事をできるか

⑤子どもたちが幸せそうで、自立しているか

⑥テストがまったくないか、ほぼない。どの子がどのお仕事をできるようになっているかを教師が把握し

ていれば、テストをする必要はないはず

⑦教師は承認されたモンテッソーリスクールの教師養成講座を修了しているか。国際モンテッソーリ協会（AMI）はモンテッソーリ博士の家族が設立した研修組織で、内容も正確さを保っている

⑧教師は子どものガイド役としてていねいに話し、「わからないな、一緒に探してみようか」と、子どもが自分で疑問の答えを見つけられるよう対応しているか

⑨従来の学習システムよりも、自然に学ぶことを勧めているか。教師が子どもたちの前に立って教えるのではなく、子どもが自由に調べ、自分で自由に発見して学べるようになっているか

⑩学校は子どもを、ひとりひとり個性のある人間として扱い、いろいろな点で発達できるよう指導しているか（社会性、感情、身体、知能、言語）

モンテッソーリスクールの1日は？

モンテッソーリスクールの教室では、同時に30人の子どもがそれぞれ違う作業をしているということが、保護者には理解しづらいでしょう。わたしもよくこんな質問を受けます。「これを、先生はどうやってまとめているんですか？」

実際にどんな1日を過ごしているか、ご紹介しましょう。

子どもたちが来る前に、モンテッソーリスクールの教師は教室の準備をします。お仕事の教具は子どもの背の高さに合わせた棚に、種類ごとに並べます。ひとつひとつていねいに整えられた教具は、ひとつのスキルを身につけると、次の教具ではそのスキルを使ってまた別のスキルを身につけ、その次はまたそれを使って別のスキルをといった形で順に学べるようになっています。教室のなかにいるあいだ、教師はど

の子がいま何を学んでいて、何をもう身につけたのかを見分け、次の段階に進む準備ができた子にはそのお仕事を勧めます。

活動をしている教室をのぞいてみると、ひとりの子は算数のお仕事をしていて、別の子は言葉の遊びをしていて、そのとなりではふたり組でひとつの活動をしていたりします。子どもはそのとき自分のしたい活動を自分で決めるのです。

教室では「集まって」と呼び集められ、みんなで座って先生の話を聞いたり、並んでトイレに行ったりすることはありません。そのぶん、教師は子どもたちを観察し、必要な子には手を貸す余裕があるのです。また、クラスは年齢混合の編成なので、大きい子は小さい子のお手伝いをします。ほかの子になにか説明するときには、頭のなかで自分が学んだことを整理します。小さい子も、大きい子たちのやることを見ていて覚えます。

子どもの自由にさせておくと、苦手な分野の活動には手を出さない子も出てくるのでは、と心配になるかもしれません。でもそういう場合には、その子がまだその活動には準備ができていないのだと教師は判断し、取り掛かりやすい、その子にとって魅力があるものから進め、興味に沿った方法で、苦手な分野にも取り組めるよう進めていきます。

モンテッソーリはどんな子どもにも合う？

モンテッソーリはどんな子どもでもできるものなのか、それともちゃんと計画できる、自立した子やじっと座って作業できる子でないと向かないものなのか気になりますよね。

❶モンテッソーリは学び方の違う子でもできるのか？

わたしは、モンテッソーリはどんな子どもにも向いていると思います。目から学ぶ、耳から学ぶ、体を動かしたり触ったりして学ぶ、言葉で学ぶ、などいろいろな教具があるので、学び方が違う子でも何かしら魅力を感じることがあるでしょう。

ほかの子がしているのをじっと見て学ぶ子もいます。子どもは、教室にいるあいだずっと何かしているわけではありません。ほかの子がしているのを見ているだけでもいいのです。じっと見ているうちに覚えてしまい、実際に自分がそのお仕事をやってみるともうほぼできるという子もいます。もちろん、自分で何度も何度も手を動かさないと覚えられない子もいます。同じことを、同じ環境のなかで、違った学び方で学べるのです。

❷子どもに、予定をたてることはできる？

モンテッソーリの子どもたちは、だんだんと自分で1日の予定を決めるようになります。小さな子のグループでは、自分なりのリズムや興味のおもむくままに1日を過ごしますが、年齢を重ねるにつれて、少しずつ自分がその日やることを決められるようになります。

中には、ちゃんと教えてもらわないとそれができない子もいます。ほかの子よりも手助けが必要な子には、しっかり訓練を受けたモンテッソーリスクールの教師が指導をします。

❸じっとしていられない子には？

モンテッソーリは、じっと座っていられない子こそ理想的でしょう。教室に入ると、驚くほど静かなことがよくあります。子どもたちはそれぞれに自分の活動に集中していて、教師が静かにしなさいと声を荒らげる必要もありません。

そんななかでも、子どもたちが教室内を歩き回ったり、ほかの子が作業しているのを見に行ったり、トイレに行ったりするのは自由です。もちろん、活動をするなかで体を動かしたりもしますから、じっとしていられない子にはぴったりの環境でしょう。

❹ モンテッソーリはおうちでのしつけにも向いている？

モンテッソーリはどんな子どもにも向いているとはいえ、教室に入れられることを強制的だと思う人もいますし、子どもたちの様子を見て自由過ぎると考える親もいます。

教室と同じように子どもがたくさんの体験をでき、子どもを尊重しつつはっきりとした限界を親が決められるなら、そして子どもがそのなかでちゃんと学ぶことができるのなら、モンテッソーリはおうちで行うのがベストだとわたしは思っています。

モンテッソーリスクールで学んだ子どもが、普通の学校で学べる？

子どもがある程度成長したら、普通の学校に通わせようかと悩む親もよくいます。

「みんな同じ内容を、先生の言うとおりに学ぶという授業に、うちの子どもは慣れるだろうか？　自分の学びたいことを学ぶのではなく、先生が決めた時間割で1日を過ごせる？　授業中、じっと座っていられるだろうか？」そう心配するのは当然のことです。

でも、たいていの子どもはモンテッソーリスクールから普通の学校にうまくなじんでいきます。最初から普通の学校に通った子と比べても、自立し、思いやりがあり、気が利くことが多いですね。モンテッソーリ式で身につけたスキルは、別の学校に行っても役に立ちます。

別の学校に行くと決めた子どもが、こう言っていたことがあります。「簡単だよ。先生が言うとおりにしていればいいんでしょ」

別の子は、中学までモンテッソーリスクールで学び、高校からは普通の学校に行くことになりました。そのとき困ったことは2つ。

①トイレに行くときに先生に声を掛けなくてはいけない

②テストのとき、わからなくても教科書を見てはいけない。モンテッソーリスクールではわからないときには自分で調べていたので

子どもを普通の学校に移しておもしろかったことがある、とある親が話してくれたこともあります。その子は新しい学校で、テスト中にわからない問題があるとすぐ手を上げて先生を呼んだそうです。モンテッソーリの子どもはわからないことはすぐに調べたがりますからね。テストに出るから前もって勉強しておくという感覚がなかったのです。

日本のモンテッソーリスクールを探すには

日本には、マリア・モンテッソーリ自らが設立し、現在は親族が運営する「国際モンテッソーリ協会（AMI）」（本部はオランダ・アムステルダム）や、日本独自の協会で、国際モンテッソーリ協会に友好団体として承認されている「日本モンテッソーリ協会（学会）」などの団体があり、モンテッソーリ協会の普及や教員養成などの活動を行っています。これらを目安に、インターネットでモンテッソーリスクールについて検索してみましょう。

感情の一覧

図①

気持ち 感情 激情

快（増大）

活き活きしている

わくわくしている、熱中している、熱心な、エネルギッシュな、情熱的な、ぞくぞくする、期待している、喜びに満ちた、うっとりしている、にこやか、身震いする、驚いた、あっけにとられた、楽観的

共感

優しい、あたたかい、心を開いた、忠実な、好意、友情、同情、感動

感謝

感謝している、喜んでいる、感動している、励ましている

自信がある

勇気づける、心を開く、誇りに思う、安心する、期待する

落ち着いている

リラックスしている、穏やか、静寂、のどか、静か、気楽、心地いい、信用している、安心している、安定している、足りている、満たされている、満足している、くつろいでいる

幸せ

楽しんでいる、活き活きしている、喜んでいる、うれしがっている、わくわくしている、満足している

好奇心がある

魅力を感じている、興味を持っている、参加している、夢中になっている、感動している

リフレッシュする

休んだ、元気になった、気持ちが復活した、頭がすっきりした

この表の使い方

自分の感情を、図①の「気持ち、感情、激情」のなかから見つける。自分の感情が何なのかが分かったら、図②の「基本的な欲求」のなかで自分が満たされていない欲求は何かを見つける。自分の感情を理解すれば、まわりの人とより効果的に感情をやりとりできるようになる。また、他人の感情や欲求を理解することもできる。

これは、ヨラム・モセンゾン（connecting2life.net）の非暴力コミュニケーションで学んだことです。この図の掲載をお願いしたところ、ヨラムは快く承諾してくれました。

不快（減少）

悩まされている

いらいらする、不満がある、耐えられない、不機嫌、腹が立っている、満足できない

心配事がある

気になる、ストレスがある、神経質になっている、不安になる、ピリピリしている、落ち着かない

きまりわるい

恥をかかされた、恥ずかしい

退屈

心が通わない、よそよそしい、無関心、冷たい、感覚を失くす、引っ込みじあん、落ち着きがない

怒り

怒った、激怒した、激高した、憤慨している

憎しみ

嫌い、敵意、反感、憎悪、愛想をつかす、軽蔑する

体の感覚

痛み、緊張、震え、息苦しい、プレッシャー、萎縮する、気分が悪い、気が弱る、心が空っぽになる、声が詰まる

不愉快

不安、落ち着かない、眠れない、自信がない、胸騒ぎがする、動揺している、心が乱れている、いらいらする、ショックを受けている、驚いている、警戒している、気になることがある

悲しい

心が重い、がっかりした、落胆する、ふさぎこむ、憂鬱、気が滅入る、かわいそうになる、待ち望んでいる、絶望している、なすすべもない、希望がない、過去を振り返る

痛み

傷ついた、心が痛む、寂しい、みじめ、耐えている、嘆いている、苦しんでいる、打ちのめされている、後悔している、良心の呵責を感じている、罪の意識がある、混乱している

困惑

心が引き裂かれる、迷う、ためらう、とまどう、まごつく、途方に暮れる

恐怖

怖い、おじけづく、疑う、パニックになる、呆然とする、びびる、心配する

傷つく

脆い、不安、うちとけない、過敏

嫉妬

うらやましい

疲労

圧倒される、燃え尽きる、へとへとになる、眠い、疲れた

感情の一覧

図②

基本的な欲求

注意

図のなかの言葉を「うわべだけの感情」に当てはめないこと。「嫌な思いをした」と言っていても実際にはそうでもないことも。相手がこちらの意図を誤解したためにそう感じている可能性もある。自分の感情がどう思われているか、慎重に判断して言葉を選ぼう。

つながり

愛、親密さ、接近、親交、共感／同調、認識、受け入れる、気づき、安心、好意、率直さ、信頼、コミュニケーション、共有／交換、与える／受け取る、注目する、大切にする／優しくする、思いやる／気遣う、尊重する、見る／見られる、聞く／聞いてもらう、理解する／理解される、考慮する／気にかける／自分の欲求を通してくれる、仲間に入れる／仲間に入る、サポートする／手を貸す／はぐくむ、協力する／共同作業する、コミュニティにする／一緒にやる／パートナー・同志という感覚を持つ、相互関係、堅固な関係／密接さ

誠意

自己表現、忠実さ、高潔さ、明瞭さ、正直さ／真実

調和

平穏、美しさ、秩序、落ちつき／リラックス／平静／静けさ、安定／バランス、安静、交流／完成、完了／理解／統合、不変／なじみ、平等／正当性／公平性

身体的な満足

空気、栄養（食事、水）、光、暖かさ、休憩／睡眠、体を動かす、運動、健康、触れる、性的行動、隠れたい／安心したい／守られたい／安全／痛みをなくしたい／精神的に落ち着きたい／保護されたい、慰められたい

自由

選択する／自分らしさから抜け出す、自律、自立、場所の余裕／時間の余裕

意義

目的、貢献／人生を豊かにする、安定している、希望／誠実、明確さ、知る（現実を見る）、気づき／意識、ひらめき／創造性、挑戦／刺激、成長／進化／成果、向上／力をつける／心を強くする／能力を得る／包容力、自己評価／自信／自負心／自尊心、効果／効力、解放／変容、重要と見なす／参加する／世界に自分の場所を持つ、精神性、互いに関わる、単一性、祝う／悼む

行動

活発さ／活き活きとしている／活力、感情の流れ、情熱、自発性、楽しみ、ユーモア／笑い／明るさ、発見／冒険、多様性

理解を深めるための本

モンテッソーリ博士の著書、講演録

「子どもの心、吸収する心」国土社／1971年
「幼児と家庭」エンデルレ書店／1971年
「モンテッソーリの教育　0歳～6歳まで」あすなろ書房／1982年
「人間の形成について」エンデルレ書店／1994年
「幼児の秘密」国土社／2003年
「子どもの発見」国土社／2001年
「パパ、ママ、あのね…子育てのヒントは子どもが教えてくれる」風鳴舎／2019年
「1946年ロンドン講義録」風鳴舎／2016年

モンテッソーリについての書籍

「デチタ　でチた　できた！」スーザン・メイクリン・スティーブンソン著、ウィンドファーム／2011年
「才能を伸ばす驚異の子育て術モンテッソーリ・メソッド」ティム・セルダン著、エクスナレッジ／2018年

ペアレンティング（親業）についての書籍

「子どもが聴いてくれる話し方と子どもが話してくれる聴き方大全」アデル・フェイバ、エレイン・マズリッシュ著／きこ書房／2013年
「憎しみの残らないきょうだいゲンカの対処法～子どもを育てる心理学」アデル・フェイバ、エレイン・マズリッシュ著／きこ書房／1998年
「しあわせ育児の脳科学」ダニエル・J・シーゲル、ティナ・ペイン・ブライソン著／早川書房／2012年
「子どもはなぜモンスターになるのか　脳を蝕む生活習慣から子どもを守る232の方法」スー・パーマー著／小学館／2007年

自己啓発に関する書籍

「NVC　人と人との関係にいのちを吹き込む法」マーシャル・B・ローゼンバーグ著／日本経済新聞出版社／2018年（初版2012年）
「内向型人間の時代：社会を変える静かな人の力」スーザン・ケイン著／講談社／2013年
「スローライフ入門」カール・オノレイ著／エムオン・エンタテインメント／2005年
「愛を伝える5つの方法」ゲーリー・チャップマン著／いのちのことば社／2007年

著者プロフィール

シモーン・デイヴィス Simone Davies

国際モンテッソーリ協会（AMI）認定モンテッソーリ教師。ブログ・インスタグラム Montessori Notebook ではモンテッソーリのちょっとしたヒントや読者からの質問に答え、世界中の親を対象にオンライン・ワークショップを開いている。オーストラリア出身。現在は家族とともにオランダ・アムステルダムに在住。ジャカランダ・ツリー・モンテッソーリスクールを立ち上げ、親子クラスで指導を行っている。

訳者プロフィール

宮垣 明子 Akiko Miyagaki

和歌山県出身。翻訳者。『奇跡の動物家族～命をつなぐ』（K&Bパブリッシャーズ）、『内向型のままでも成功できる仕事術』（辰巳出版）『You Are Enough あなたの価値は、あなたでいること』（辰巳出版）、『ALL YOU NEED IS TALK 人生でいちばん大事な伝わる話し方 11 のメソッド』（双葉社）。保護ネコと暮らして 3 年目。

おうちモンテッソーリはじめます

――「生き抜く力」の伸ばし方――

2020 年 11 月 20 日　第 1 刷発行
2021 年 2 月 10 日　第 2 刷発行

著　　者　シモーン・デイヴィス SIMONE DAVIES
訳　　者　宮垣 明子
日本語監修　松村 禎三（モンテッソーリスクール チェレギーノ子どもの家代表）
デ ザ イ ン　エメ龍夢（佐藤勝志・坂部陽子）
編 集 協 力　有限会社オフィス・ポストイット（末武千恵）
イ ラ ス ト　朝倉 めぐみ
発 行 者　永岡 純一
発 行 所　株式会社永岡書店
〒176-8518　東京都練馬区豊玉上 1-7-14
電話 03-3992-5155（代表）　03-3992-7191（編集）
印刷・製本　大日本印刷

ISBN978-4-522-43812-1　C0037